7

STRATÉGIES DE CROISSANCE D' ENTREPRISES
pour les petites entreprises

Méthodes éprouvées pour accélérer le succès de votre petite entreprise

Par: Danish Ali Bajwa & Usama Bajwa

Copyright © 2023 Par RK Books Publication

Le contenu de ce livre ne peut être reproduit, dupliqué ou transmis sous aucune forme ou système de récupération connu ou à inventer sans l'autorisation écrite directe de l'auteur ou de l'éditeur. En aucun cas, aucun blâme ou responsabilité légale ne sera retenu contre l'éditeur, ou l'auteur, pour tout dommage, réparation ou perte monétaire dû aux informations contenues dans ce livre. Que ce soit directement ou indirectement.

Mention légale:

Ce livre est protégé par le droit d'auteur. Ce livre est uniquement destiné à un usage personnel. Vous ne pouvez pas modifier, distribuer, vendre, utiliser, citer ou paraphraser toute partie du contenu de ce livre sans le consentement de l'auteur ou de l'éditeur. "Utilisation équitable" signifie qu'un résumé ou une citation avec un crédit approprié à l'auteur est autorisé.

Avis de non-responsabilité :

Veuillez noter que les informations contenues dans ce livre sont uniquement à des fins éducatives. Tous les efforts ont été déployés pour présenter des informations exactes, à jour, fiables et complètes. Aucune garantie d'aucune sorte n'est déclarée ou implicite. Les lecteurs reconnaissent que l'auteur ne donne pas de conseils juridiques, financiers, médicaux ou professionnels. Le contenu de ce livre provient de diverses sources. Veuillez consulter un professionnel qualifié avant d'essayer les techniques décrites dans ce livre. En lisant et en utilisant ce livre, le lecteur accepte qu'en aucun cas l'auteur ne soit responsable des pertes directes ou indirectes subies en raison de l'utilisation des informations contenues dans ce livre, y compris, mais sans s'y limiter, — erreurs, omissions ou inexactitudes .

E-mail:rkbooks16@gmail.com

LIVRE ÉLECTRONIQUE ISBN : 978-969-3492-30-9

ISBN BROCHÉ : 978-969-3492-31-6

ISBN RELIÉ : 978-969-3492-32-3

Biographie des auteurs

Les Danois Ali Bajwa et Usama Bajwa, connus collectivement sous le nom de Bajwa Brothers, forment un duo d'écrivains dynamique connu pour sa vaste gamme d'œuvres publiées couvrant plusieurs genres. Nés et élevés dans une maison où la créativité et les connaissances étaient profondément valorisées, ces frères ont exploité leur talent intrinsèque pour la narration et l'exploration dans une carrière florissante en littérature.

Le Danois Ali Bajwa est un écrivain prolifique avec une capacité unique à se connecter avec un public diversifié. Avec une voix distincte, il a contribué à une vaste collection de livres pour enfants, où il entrelace avec élégance des leçons de vie essentielles avec des récits engageants qui résonnent chez les jeunes esprits. Au-delà de la littérature pour enfants, le portfolio d'Usama comprend également un certain nombre de livres de motivation. Il a un don surnaturel pour élever et inspirer les lecteurs à travers ses récits captivants et ses représentations authentiques de l'esprit humain. Les mots d'Usama servent de phare de positivité, inspirant les lecteurs à vaincre leurs peurs et à atteindre leur véritable potentiel.

Usama Bajwa, d'autre part, apporte une perspective analytique à leur collaboration d'écriture. Avec un vif intérêt pour l'intersection des affaires et de la technologie, le danois a écrit plusieurs livres informatifs, rendant des sujets complexes accessibles et attrayants pour les lecteurs. L'expertise de Danish dans les domaines liés aux affaires et à la technologie est évidente dans ses guides complets et intuitifs. Il excelle dans la présentation d'idées innovantes et de tendances futuristes avec une compréhension fondée des besoins commerciaux contemporains, faisant de ses livres un incontournable dans les bibliothèques d'entrepreneurs ambitieux et de passionnés de technologie.

Ensemble, Danish et Usama ont cultivé un style d'écriture unique et diversifié qui captive leurs lecteurs, les gardant captivés de la première à la dernière page. Leurs livres reflètent souvent la symbiose de leurs différents intérêts et expertises, et le puissant équilibre entre l'émotion et la logique. Malgré leurs intérêts variés, ils partagent un engagement à créer une littérature de haute qualité à la fois engageante et instructive. Les frères Bajwa continuent d'établir leur présence dans le monde littéraire, construisant un héritage de livres perspicaces, stimulants et enchanteurs qui font vraiment la différence.

Préface

Bienvenue à la préface de « 7 stratégies de croissance commerciale pour les petites entreprises ». Dans cette préface, nous allons préparer le terrain pour ce que vous pouvez attendre de ce livre et donner un aperçu de l'importance des stratégies de croissance des entreprises pour les petites entreprises.

Diriger une petite entreprise n'est pas une tâche facile. En tant qu'entrepreneur ou propriétaire de petite entreprise, vous faites face quotidiennement à de nombreux défis et obstacles. Des ressources limitées à une concurrence intense, cela peut parfois sembler écrasant. Cependant, il est important de se rappeler qu'avec les bonnes stratégies et une feuille de route claire, vous pouvez relever ces défis et positionner votre entreprise pour une croissance durable.

Ce livre est conçu pour être un guide complet qui vous permettra de libérer le potentiel de croissance de votre petite entreprise. Nous explorerons sept stratégies de croissance clés qui se sont avérées efficaces pour les petites entreprises de divers secteurs. Chaque stratégie est soigneusement sélectionnée et présentée de manière pratique et exploitable, vous permettant de les mettre en œuvre facilement dans votre propre entreprise.

L'objectif de ce livre est de vous fournir les connaissances, les idées et les outils nécessaires pour stimuler la croissance et faire passer votre entreprise au niveau supérieur. Que vous débutiez ou cherchiez à développer une entreprise existante, ces stratégies vous fourniront une base solide pour réussir.

Dans chaque chapitre, nous approfondirons une stratégie de croissance spécifique, en explorant ses principes, ses avantages et ses étapes de mise en œuvre. Vous apprendrez à définir des objectifs de croissance clairs et réalisables, à identifier votre marché cible et vos clients idéaux, à créer une marque forte qui résonne auprès de votre public, à exploiter la puissance du marketing numérique, à améliorer l'expérience client, à rationaliser les opérations et les processus et à développer votre portée du marché.

Les stratégies présentées dans ce livre ne sont pas de simples théories ou concepts abstraits. Ce sont des approches pratiques et éprouvées qui ont aidé de nombreuses petites entreprises à obtenir des résultats remarquables. Vous trouverez des exemples concrets et des études de cas qui mettent en évidence les réussites d'entreprises qui ont mis en œuvre ces stratégies et qui ont connu une croissance significative en conséquence.

Nous comprenons que chaque entreprise est unique et que ce qui fonctionne pour l'une peut ne pas fonctionner pour une autre. C'est pourquoi nous avons fourni des conseils et des informations pratiques qui peuvent être adaptés pour répondre aux besoins spécifiques de votre entreprise. Nous vous encourageons à adopter ces stratégies et à les adapter pour les aligner sur votre secteur, votre marché cible et vos objectifs commerciaux.

Bien que ce livre fournisse des conseils précieux et des étapes concrètes, il est important de noter que le succès ne se produit pas du jour au lendemain. La croissance d'une entreprise est un parcours qui exige du dévouement, de la persévérance et un engagement envers l'apprentissage et l'amélioration continus. Il est crucial de mettre en œuvre ces stratégies avec un état d'esprit à long terme et d'être ouvert à les adapter à l'évolution de votre entreprise.

En plus des sept stratégies de croissance, nous explorerons également divers concepts, meilleures pratiques et conseils pour soutenir votre parcours de croissance. De l'élaboration d'une proposition de valeur unique à l'exploitation du marketing des médias sociaux et à l'optimisation des systèmes de rétroaction des clients, nous couvrirons un large éventail de sujets qui contribuent à la croissance durable de l'entreprise.

Nous pensons que les petites entreprises jouent un rôle vital dans la stimulation de l'innovation, la création d'opportunités d'emploi et la promotion de la croissance économique. En vous fournissant les outils et les connaissances nécessaires pour développer votre entreprise, nous visons à contribuer au succès et à la prospérité des petites entreprises dans le monde entier.

Alors, que vous soyez un entrepreneur passionné avec une vision ou un propriétaire de petite entreprise avec des rêves d'expansion, nous vous invitons à nous rejoindre dans ce voyage de croissance. Explorons les sept stratégies puissantes et libérons le potentiel de croissance de votre petite entreprise. Ensemble, nous pouvons faire prospérer votre entreprise et atteindre le succès que vous envisagez.

Table des matières

Introduction 1

Chapitre 1 Définir vos objectifs de croissance 4

    Évaluer votre position commerciale actuelle 4

    Fixer des objectifs clairs et atteignables 8

Chapitre 2 Cibler votre client idéal 12

    Identifier votre marché cible 15

    Création de personas client 18

    Développer des messages marketing efficaces 22

Chapitre 3 Construire une marque forte 27

    Élaboration de votre proposition de valeur unique 30

    Concevoir une identité de marque mémorable 33

    Établir la cohérence de la marque 37

Chapitre 4 Exploiter la puissance du marketing numérique .. 42

    Créer une présence en ligne complète 46

    Tirer parti du marketing des médias sociaux 50

Mise en œuvre de stratégies d'optimisation pour les moteurs de recherche (SEO) 55

Chapitre 5 Améliorer l'expérience client **60**

Comprendre le parcours client 64

Personnaliser les interactions avec les clients 68

Mettre en œuvre des systèmes efficaces de rétroaction des clients 71

Chapitre 6 Rationalisation des opérations et des processus ... 77

Identifier les inefficacités et les goulots d'étranglement 80

Automatisation des tâches répétitives 84

Mise en œuvre de systèmes évolutifs 88

Chapitre 7 Élargir votre portée sur le marché **94**

Explorer de nouvelles opportunités de marché 98

Former des partenariats stratégiques 101

Étendre la portée géographique 106

Conclusion **112**

INTRODUCTION

Bienvenue à « 7 stratégies de croissance des entreprises pour les petites entreprises ». Dans ce livre, nous explorerons des stratégies efficaces et des informations exploitables pour aider les petites entreprises à atteindre une croissance durable, à élargir leur clientèle et à prospérer dans le paysage commercial concurrentiel d'aujourd'hui. Que vous soyez un entrepreneur qui démarre une nouvelle entreprise ou un propriétaire de petite entreprise qui cherche à faire passer son entreprise au niveau supérieur, ce livre est conçu pour vous fournir des conseils précieux et des étapes pratiques pour faire avancer votre entreprise.

Diriger une petite entreprise peut être à la fois passionnant et stimulant. Bien que les petites entreprises jouent un rôle vital dans l'économie, elles sont souvent confrontées à des obstacles uniques tels que des ressources limitées, une concurrence féroce et la nécessité de s'adapter rapidement à l'évolution de la dynamique du marché. Cependant, en mettant en œuvre les bonnes stratégies de croissance et en tirant parti des opportunités disponibles, les petites entreprises peuvent surmonter ces défis et libérer tout leur potentiel de réussite.

Le fondement de ce livre repose sur sept stratégies de croissance clés qui se sont avérées efficaces pour les petites entreprises. Chaque stratégie est soigneusement élaborée pour aborder des domaines spécifiques de croissance de l'entreprise et vous fournir des étapes concrètes pour les mettre en œuvre avec succès.

Tout au long de ce livre, nous approfondirons divers aspects de la croissance des entreprises, notamment la définition des objectifs de croissance, le ciblage des clients idéaux, la création d'une marque forte, l'exploitation de la puissance du marketing numérique, l'amélioration de l'expérience client, la rationalisation des opérations et des processus et l'expansion de la portée du marché.

Chaque chapitre fournira des explications détaillées, des exemples pratiques et des informations précieuses pour vous aider à comprendre et à mettre en œuvre ces stratégies dans votre propre entreprise. Vous apprendrez à évaluer votre position commerciale actuelle, à identifier votre marché cible, à créer des messages marketing convaincants, à élaborer une proposition de valeur unique, à tirer parti des canaux de marketing numérique, à optimiser l'expérience client, à rationaliser les opérations, à former des partenariats stratégiques et à explorer de nouvelles opportunités de marché.

En mettant en œuvre ces stratégies, vous serez doté des outils et des connaissances nécessaires pour stimuler la croissance durable de votre petite entreprise. Le livre vous guidera tout au long du processus de définition d'objectifs clairs, d'identification de votre marché cible, de développement d'une marque forte, d'utilisation des canaux de marketing numérique, d'amélioration de l'expérience client, d'optimisation des opérations et d'expansion de votre marché.

N'oubliez pas que la croissance d'une entreprise est un parcours qui exige du dévouement, de la persévérance et un engagement envers l'amélioration continue. Tout au long de ce livre, nous vous fournirons les conseils et les ressources nécessaires pour naviguer efficacement dans ce voyage, vous adapter aux conditions changeantes du marché et positionner votre entreprise pour un succès à long terme.

Préparez-vous à libérer le plein potentiel de votre petite entreprise et à vous engager sur la voie d'une croissance durable. Plongeons-nous et découvrons les sept stratégies puissantes qui propulseront votre entreprise vers de nouveaux sommets.

CHAPITRE 1
Définir vos objectifs de croissance

Définir des objectifs de croissance clairs est la première étape cruciale pour favoriser le succès et l'expansion de votre petite entreprise. Dans ce chapitre, nous explorerons le processus d'évaluation de votre position commerciale actuelle et de définition d'objectifs réalisables qui correspondent à votre vision à long terme. En comprenant où vous en êtes et où vous voulez aller, vous pouvez tracer la voie d'une croissance durable.

Évaluer votre position commerciale actuelle

L'évaluation de votre position commerciale actuelle est une étape cruciale dans la définition de vos objectifs de croissance. Il vous fournit des informations précieuses sur les forces, les faiblesses, les opportunités et les menaces de votre entreprise. En procédant à une évaluation complète, vous pouvez gagnerune compréhension claire de la position de votre entreprise sur le marché et identifier les domaines à améliorer. Cette section vous guidera tout au long du processus d'évaluation de votre position commerciale actuelle afin de jeter les bases d'une croissance stratégique.

Comprendre votre performance financière

L'un des aspects clés de l'évaluation de votre position commerciale actuelle est l'analyse de vos performances financières. Cela implique d'examiner vos états financiers, tels que les états des résultats, les bilans et les états des flux de trésorerie. En examinant vos flux de revenus, vos marges bénéficiaires et vos flux de trésorerie, vous pouvez déterminer la santé financière de votre entreprise. Recherchez des tendances et des schémas dans vos données financières pour identifier les domaines dans lesquels vous pouvez optimiser la génération de revenus et la gestion des coûts.

Analyse de la position sur le marché

L'évaluation de votre position sur le marché est essentielle pour comprendre comment votre entreprise est perçue par votre public cible et comment elle se compare aux concurrents. Commencez par définir votre marché cible et identifiez votre position au sein de ce marché. Tenez compte de facteurs tels que la part de marché, la fidélité des clients, la reconnaissance de la marque et la satisfaction des clients. Mener des études de marché pour recueillir des informations sur les préférences des clients, les tendances de l'industrie et l'analyse de la concurrence. Ces informations vous aideront à identifier les opportunités de différenciation de votre entreprise et d'acquérir un avantage concurrentiel.

Évaluation de la clientèle

Votre clientèle joue un rôle important dans le succès de votre entreprise. L'évaluation de votre clientèle implique l'analyse de la démographie des clients, du comportement d'achat et des niveaux de satisfaction des clients. Identifiez vos clients les plus précieux et comprenez leurs besoins, leurs préférences et leurs points faibles. Évaluez les commentaires et les témoignages des clients pour évaluer la satisfaction et la fidélité des clients. Cette évaluation vous aidera à identifier les opportunités d'élargir votre clientèle, d'améliorer la fidélisation de la clientèle et d'adapter vos offres pour répondre efficacement aux demandes des clients.

Évaluation de l'efficacité opérationnelle

L'efficacité opérationnelle a un impact direct sur la rentabilité et le potentiel de croissance de votre entreprise. Évaluez vos processus opérationnels, vos flux de travail et l'allocation des ressources. Identifiez les inefficacités, les goulots d'étranglement et les domaines où la productivité peut être améliorée. Passez en revue la gestion de votre chaîne d'approvisionnement, la gestion des stocks et les processus de production. Recherchez des opportunités pour rationaliser les opérations, automatiser les tâches et optimiser l'utilisation des ressources. L'amélioration de l'efficacité opérationnelle réduira non seulement les coûts, mais libérera également des ressources pour les initiatives de croissance.

Analyser le paysage concurrentiel

Comprendre votre paysage concurrentiel est essentiel pour positionner stratégiquement votre entreprise. Identifiez vos principaux concurrents et analysez leurs forces, leurs faiblesses et leurs stratégies de marché. Évaluez leurs offres de produits, leurs prix, leurs canaux de distribution et leurs tactiques de marketing. Identifiez les domaines dans lesquels vous pouvez vous différencier de la concurrence et tirer parti de votre proposition de valeur unique. Cette analyse vous aidera à identifier les opportunités de marché inexploitées et à développer des stratégies pour obtenir un avantage concurrentiel.

Identification des facteurs externes

En plus des évaluations internes, il est crucial de considérer les facteurs externes qui peuvent influencer la croissance de votre entreprise. Évaluez l'environnement économique plus large, les tendances de l'industrie, les changements réglementaires et les avancées technologiques. Identifiez les menaces et les opportunités potentielles qui découlent de ces facteurs externes. Restez informé de la dynamique du marché et adaptez vos stratégies en conséquence pour relever les défis potentiels et tirer parti des tendances émergentes.

Points clés à retenir

- Évaluez votre performance financière en examinant vos états financiers et en identifiant les domaines à optimiser.
- Analysez votre position sur le marché pour comprendre comment votre entreprise est perçue et obtenir un avantage concurrentiel.
- Évaluez votre clientèle pour identifier les opportunités d'expansion et améliorer la satisfaction de la clientèle.
- Évaluez l'efficacité opérationnelle pour rationaliser les processus et optimiser l'utilisation des ressources.
- Analysez le paysage concurrentiel pour différencier votre entreprise et obtenir un avantage concurrentiel.
- Tenez compte des facteurs externes tels que les tendances économiques, les réglementations et les avancées technologiques qui ont un impact sur votre entreprise.

En procédant à une évaluation approfondie de votre position commerciale actuelle, vous aurez une compréhension globale des forces, des faiblesses, des opportunités et des menaces de votre entreprise. Ces connaissances serviront de base solide pour fixer des objectifs de croissance et développer des stratégies efficaces. N'oubliez pas qu'une réévaluation régulière de votre position commerciale est essentielle pour rester agile et s'adapter à l'évolution des conditions du marché.

Fixer des objectifs clairs et atteignables

Une fois que vous avez évalué votre position commerciale actuelle, l'étape suivante consiste à définir des objectifs clairs et réalisables qui correspondent à votre vision à long terme. La définition d'objectifs fournit une direction, une orientation et une feuille de route pour la croissance de votre entreprise. Dans cette section, nous explorerons le processus de définition d'objectifs spécifiques, mesurables, réalisables, pertinents et limités dans le temps (SMART). En suivant ces principes, vous pouvez vous assurer que vos objectifs sont réalisables et réalistes, ce qui augmente les chances de succès.

Objectifs spécifiques

Un objectif spécifique est clair et bien défini. Il fournit une cible claire et ne laisse aucune place à l'ambiguïté. Lors de la définition d'objectifs spécifiques, considérez ce que vous voulez atteindre et articulez-le de manière concise et précise. Par exemple, plutôt que de définir un objectif générique tel que "augmenter les revenus", un objectif spécifique pourrait être "augmenter les revenus mensuels de 15 % au cours des six prochains mois". En étant précis, vous fournissez une orientation claire pour vos efforts.

Objectifs mesurables

Les objectifs mesurables sont quantifiables et vous permettent de suivre les progrès. Il est important d'établir des indicateurs de performance clés (KPI) qui vous permettent de mesurer votre progression vers vos objectifs. Ces KPI peuvent inclure des mesures telles que la croissance des revenus, l'acquisition de clients, les taux de conversion ou la part de marché. En définissant des objectifs mesurables, vous pouvez évaluer objectivement vos performances et prendre des décisions basées sur des données pour optimiser vos stratégies.

Objectifs réalisables

Fixer des objectifs réalisables garantit qu'ils sont réalistes et réalisables dans la limite de vos ressources et de vos capacités. Tenez compte de facteurs tels que votre budget disponible, la capacité de la main-d'œuvre et les conditions du marché lors de la définition des objectifs. Bien qu'il soit important de viser haut, fixer des objectifs irréalistes peut entraîner de la frustration et de la démotivation. Évaluez vos forces, vos compétences et vos limites pour vous fixer des objectifs qui vous mettent au défi tout en restant à votre portée.

Objectifs pertinents

La pertinence est cruciale dans l'établissement d'objectifs, car elle garantit que vos objectifs s'alignent sur votre stratégie et votre vision globales de l'entreprise. Chaque objectif doit contribuer à la croissance et au succès de votre entreprise. Tenez compte du contexte plus large, des tendances du marché et des demandes des clients lors de la définition des objectifs pertinents. Aligner vos objectifs sur les valeurs fondamentales et les objectifs stratégiques de votre entreprise garantit que vos efforts sont ciblés et percutants.

Objectifs limités dans le temps

Fixer des objectifs limités dans le temps donne un sentiment d'urgence et établit un délai de réalisation. Cela crée un sentiment de responsabilité et aide à prioriser vos actions. Décomposez vos objectifs en objectifs à court et à long terme, et attribuez des délais spécifiques à chacun. Par exemple, vous pouvez définir un objectif de revenus mensuels ou un objectif d'acquisition de clients trimestriel.

En fixant des délais, vous créez un élan et vous vous assurez que les progrès sont suivis de manière cohérente.

Examen et ajustements réguliers

L'établissement d'objectifs n'est pas une activité ponctuelle. Cela nécessite une surveillance, un examen et des ajustements continus. Évaluez régulièrement vos progrès vers vos objectifs et effectuez les ajustements nécessaires en fonction de nouvelles informations ou de l'évolution des conditions du marché. Cette flexibilité vous permet d'adapter et d'affiner vos stratégies pour maximiser vos chances de succès.

Points clés à retenir

- Fixez-vous des objectifs précis, clairs et bien définis.
- Définissez des objectifs mesurables avec des KPI quantifiables pour suivre les progrès.
- Assurez-vous que les objectifs sont réalisables et réalistes dans la limite de vos ressources et de vos capacités.
- Définissez des objectifs pertinents qui correspondent à votre stratégie et à votre vision d'entreprise.
- Établissez des délais pour vos objectifs afin de créer un sentiment d'urgence et de responsabilité.
- Révisez et ajustez régulièrement vos objectifs en fonction des progrès et des conditions du marché.

En suivant les principes SMART et en révisant régulièrement vos objectifs, vous pouvez définir des objectifs clairs et atteignables pour la croissance de votre entreprise. N'oubliez pas que l'établissement d'objectifs n'est pas un événement ponctuel, mais un processus continu. Adoptez la flexibilité, restez concentré et utilisez vos objectifs comme boussole pour diriger votre entreprise vers le succès.

CHAPITRE 2
Cibler votre client idéal

Comprendre et cibler votre client idéal est crucial pour le succès de votre entreprise. En identifiant et en adaptant vos produits, services et efforts de marketing pour répondre aux besoins et aux préférences de votre public cible, vous pouvez maximiser vos chances d'attirer et de fidéliser des clients fidèles. Dans ce chapitre, nous explorerons des stratégies pour identifier votre client idéal, créer des personnalités client et développer des messages marketing efficaces.

Identifier votre marché cible

La première étape pour cibler votre client idéal consiste à identifier votre marché cible. Cela implique de définir le groupe spécifique de personnes les plus susceptibles d'être intéressées par vos produits ou services. Tenez compte de facteurs tels que la démographie (âge, sexe, lieu, revenu), la psychographie (mode de vie, intérêts, valeurs) et le comportement (habitudes d'achat, préférences). Effectuez des études de marché, analysez les tendances du secteur et recueillez des informations sur les clients pour acquérir une compréhension approfondie de votre marché cible.

Création de personas client

Les personas client sont des représentations fictives de vos clients idéaux. Ils vous aident à visualiser et à comprendre les caractéristiques, les besoins et les motivations des différents segments de votre marché cible. Créez des profils détaillés qui incluent des informations telles que l'âge, la profession, les objectifs, les défis, les préférences et le comportement d'achat. Utilisez des données qualitatives et quantitatives pour développer des personnalités précises et complètes. En humanisant vos clients cibles, vous pouvez mieux adapter vos stratégies marketing pour répondre à leurs besoins spécifiques.

Développer des messages marketing efficaces

Une fois que vous avez identifié votre marché cible et créé des personnalités de clients, il est important de développer des messages marketing convaincants qui trouvent un écho auprès de vos clients idéaux. Créez des messages qui mettent en évidence la valeur unique que vos produits ou services offrent et répondent aux points faibles et aux désirs de votre public cible. Utilisez un langage, un ton et des images qui correspondent à leurs préférences et correspondent à leurs valeurs. Personnalisez vos messages marketing pour créer un sentiment de connexion et de pertinence. En vous adressant directement aux besoins de vos clients idéaux, vous pouvez capter leur attention et les obliger à agir.

Stratégies de segmentation et de ciblage

En plus de créer des personas de clients, envisagez de segmenter votre marché cible en groupes distincts en fonction de caractéristiques ou de comportements communs. Cela vous permet d'adapter vos stratégies marketing à des segments spécifiques, augmentant ainsi l'efficacité de vos efforts. La segmentation peut être basée sur divers facteurs, tels que la démographie, la psychographie, le comportement d'achat ou l'emplacement géographique. Développez des campagnes de marketing ciblées pour chaque segment, en vous concentrant sur leurs besoins et préférences uniques.

Étude de marché et commentaires des clients

Pour affiner en permanence votre compréhension de vos clients idéaux, effectuez régulièrement des études de marché et recueillez les commentaires des clients. Tenez-vous au courant des tendances du secteur, surveillez les changements de comportement des consommateurs et adaptez vos stratégies en conséquence. Utilisez des enquêtes, des groupes de discussion et l'écoute sociale pour recueillir des commentaires et obtenir des informations sur la satisfaction, les préférences et les besoins émergents des clients. Ces informations vous aideront à rester pertinent et à garantir que vos stratégies de ciblage restent efficaces dans le temps.

Points clés à retenir

- Identifiez votre marché cible en tenant compte de la démographie, de la psychographie et du comportement.
- Créez des personas client pour visualiser et comprendre vos clients idéaux.
- Développez des messages marketing qui répondent aux besoins et aux désirs de votre public cible.
- Segmentez votre marché cible pour adapter vos stratégies à des groupes de clients spécifiques.
- Effectuez des études de marché et recueillez les commentaires des clients pour affiner votre compréhension de vos clients idéaux.

En ciblant efficacement votre client idéal, vous pouvez affiner vos stratégies marketing, améliorer l'acquisition et la fidélisation des clients et stimuler la croissance de votre entreprise. N'oubliez pas que comprendre les besoins et les préférences de vos clients est un processus continu. Restez à l'écoute des évolutions du marché, écoutez vos clients et adaptez vos stratégies pour vous assurer de toujours répondre à leurs attentes.

Identifier votre marché cible

L'identification de votre marché cible est une étape critique pour atteindre et connecter efficacement avec vos clients idéaux. Votre marché cible est constitué du groupe spécifique de personnes les plus susceptibles d'être intéressées par vos produits ou services. En comprenant leurs données démographiques, psychographiques et leur comportement, vous pouvez adapter vos efforts de marketing pour répondre à leurs besoins et préférences. Dans cette section, nous explorerons des stratégies pour identifier et définir votre marché cible.

Démographie

Les facteurs démographiques fournissent des informations fondamentales sur votre marché cible. Tenez compte des caractéristiques telles que l'âge, le sexe, le lieu, le niveau de revenu, le niveau d'éducation et la profession. Les données démographiques vous aident à comprendre les attributs de base de vos clients idéaux et fournissent un point de départ pour une analyse plus approfondie. Par exemple, si vous vendez des produits pour bébés, votre marché cible peut être composé de parents âgés de 25 à 40 ans, résidant dans des zones urbaines, avec un niveau de revenu moyen à élevé.

Psychographie

La psychographie approfondit les attitudes, les intérêts, les valeurs et le mode de vie de votre marché cible. Comprendre la psychographie vous permet de vous connecter avec vos clients à un niveau plus personnel et émotionnel. Tenez compte de facteurs tels que les passe-temps, les intérêts, les opinions, les valeurs et les aspirations. Par exemple, si vous vendez de la mode durable, votre marché cible peut être composé d'individus soucieux de l'environnement qui valorisent les pratiques éthiques et cherchent à avoir un impact positif sur la planète.

Comportement

L'analyse comportementale se concentre sur la compréhension du comportement d'achat et des modèles de votre marché cible. Tenez compte de facteurs tels que les habitudes d'achat, les préférences, la fidélité à la marque et les processus de prise de décision. Découvrez comment votre marché cible recherche des produits, où il effectue ses achats et ce qui influence ses décisions d'achat. Par exemple, si vous vendez des équipements de fitness, votre marché cible peut être composé de personnes soucieuses de leur santé qui font régulièrement de l'exercice et recherchent des produits durables et de haute qualité.

Étude de marché

La réalisation d'études de marché approfondies est cruciale pour identifier votre marché cible. Cela implique de collecter des données et des informations sur les tendances du secteur, la concurrence et le comportement des consommateurs. Utiliser les méthodes de recherche primaires et secondaires. La recherche primaire consiste à collecter des données directement auprès de votre marché cible par le biais d'enquêtes, d'entretiens ou de groupes de discussion. La recherche secondaire consiste à analyser les données existantes provenant de sources fiables telles que les rapports de marché, les publications de l'industrie et les statistiques gouvernementales. Les études de marché fournissent des informations précieuses pour affiner votre compréhension de votre marché cible et prendre des décisions commerciales éclairées.

Profilage client

Une fois que vous avez collecté des données sur la démographie, la psychographie et le comportement, créez des profils de clients ou des personnalités d'acheteurs. Ces profils sont des représentations fictives de vos clients idéaux, capturant les principaux attributs, motivations et préférences des différents segments de votre marché cible. Développez des profils détaillés qui incluent des informations telles que l'âge, le sexe, la profession, les intérêts, les points faibles et les comportements d'achat. Le profilage client vous aide à humaniser et à mieux comprendre votre marché cible, vous permettant d'adapter efficacement vos stratégies marketing.

Test et raffinement

N'oubliez pas que l'identification de votre marché cible est un processus itératif. Au fur et à mesure que vous mettez en œuvre vos stratégies de marketing, recueillez des commentaires et analysez les résultats. Surveillez la réponse des différents segments de clientèle à vos messages et offres. Affinez votre compréhension de votre marché cible en fonction des interactions avec les clients et ajustez vos stratégies en conséquence. Testez et affinez en permanence votre approche pour vous assurer qu'elle reste alignée sur l'évolution des besoins et des préférences de vos clients idéaux.

Points clés à retenir

- Tenez compte des données démographiques, psychographiques et comportementales pour identifier votre marché cible.

- Explorez des facteurs tels que l'âge, le sexe, le lieu, le niveau de revenu, les intérêts et les valeurs.
- Mener des études de marché pour recueillir des données et des informations sur les tendances de l'industrie et le comportement des consommateurs.
- Développez des profils clients ou des personnalités d'acheteurs pour humaniser et mieux comprendre votre marché cible.
- Testez en continu, recueillez des commentaires et affinez votre compréhension de votre marché cible.

En identifiant efficacement votre marché cible, vous pouvez affiner vos stratégies marketing, améliorer le ciblage client et augmenter la pertinence de vos offres. N'oubliez pas que votre marché cible peut évoluer au fil du temps, il est donc important de réévaluer et d'ajuster régulièrement vos stratégies pour rester en phase avec l'évolution des besoins et des préférences de vos clients.

Création de personas client

La création de personas client est une technique précieuse qui vous aide à mieux comprendre et à vous connecter avec votre marché cible. Les personas client sont des représentations fictives de vos clients idéaux, fournissant des profils détaillés qui capturent leurs caractéristiques, motivations et préférences. En développant des personnalités de clients, vous obtenez des informations sur l'état d'esprit de votre public cible, ce qui vous permet d'adapter vos stratégies marketing pour répondre efficacement à leurs besoins. Dans cette section, nous explorerons le processus de création de personas client et les avantages qu'ils apportent à votre entreprise.

Collecte de données et d'informations

Pour créer des personnalités client précises et perspicaces, vous devez collecter des données et des informations provenant de diverses sources. Commencez par analyser les données clients existantes, telles que les informations démographiques, l'historique des achats et les commentaires des clients. Menez des enquêtes, des entretiens ou des groupes de discussion pour collecter des données qualitatives sur les préférences, les points faibles et les motivations des clients. Utilisez les outils d'analyse de données et l'écoute des médias sociaux pour obtenir des informations sur le comportement et les tendances des clients. Plus les sources de données sont complètes et diversifiées, plus vos personas clients seront robustes et précis.

Définir les caractéristiques de Persona

Les personas client doivent capturer une gamme de caractéristiques qui définissent vos clients cibles. Commencez par donner un nom à chaque personnage pour les rendre plus facilement identifiables. Définir les facteurs démographiques tels que l'âge, le sexe, le lieu, l'éducation et la profession. Creusez plus profondément les facteurs psychographiques en identifiant leurs intérêts, passe-temps, valeurs, objectifs et défis. Tenez compte de leurs canaux de communication préférés, de leurs comportements en ligne et des influenceurs qu'ils suivent. L'objectif est de créer un profil multidimensionnel qui reflète les complexités et les nuances de vos clients cibles.

Identifier les besoins et les motivations

Comprendre les besoins et les motivations de vos clients est essentiel pour un marketing efficace. Identifier les principaux besoins et désirs qui motivent leurs décisions d'achat. Tenez compte de leurs points faibles et des défis auxquels vos produits ou services peuvent répondre. Explorez leurs aspirations, leurs objectifs et comment vos offres peuvent les aider à atteindre ces objectifs. En identifiant et en répondant à leurs besoins sous-jacents, vous pouvez adapter vos messages marketing et votre positionnement pour qu'ils correspondent à leurs désirs, augmentant ainsi la probabilité d'engagement et de conversion.

Segmentation des personas

Dans certains cas, votre marché cible peut être composé de divers segments de clientèle. Pour répondre efficacement à leurs caractéristiques uniques, segmentez vos personas en conséquence. Regroupez les personnages en fonction d'attributs ou de comportements partagés qui sont pertinents pour votre entreprise. Cette segmentation vous permet de créer des campagnes marketing ciblées et de personnaliser votre messagerie pour chaque segment. Par exemple, si vous êtes une marque de fitness, vous pouvez avoir des personnalités pour les amateurs de gym, les aventuriers en plein air et les professionnels occupés, chacun avec des besoins et des préférences différents.

Humaniser les Personas

Pour rendre vos personnalités client plus pertinentes et significatives, humanisez-les en fournissant des détails et un contexte supplémentaires. Donnez-leur une histoire, des objectifs personnels et les défis auxquels ils sont confrontés. Tenez compte de leurs déclencheurs émotionnels et des valeurs qui influencent leur processus de prise de décision. Cette humanisation vous permet de développer de l'empathie et de mieux comprendre les perspectives de vos clients, favorisant ainsi une approche plus centrée sur le client dans vos stratégies marketing.

Utilisation des personas pour le marketing

Les personas client sont des outils précieux pour guider vos stratégies marketing et vos communications. Utilisez des personnages pour créer des messages ciblés qui répondent directement aux besoins, aux préférences et aux aspirations de chaque segment. Adaptez vos offres de produits, vos promotions et votre contenu en fonction de leurs intérêts spécifiques et de leurs points faibles. Utilisez des personnages pour informer vos canaux et tactiques de marketing, en vous assurant d'atteindre efficacement votre public cible. En tirant parti des personas, vous pouvez créer une expérience client plus personnalisée et engageante, améliorant ainsi la satisfaction et la fidélité des clients.

Examen périodique et mises à jour

Les personas client ne sont pas des entités statiques ; ils doivent évoluer avec votre entreprise et la dynamique changeante de vos clients. Examinez et mettez à jour périodiquement vos personas en fonction des nouvelles données, des tendances du marché et des commentaires des clients. Restez à l'écoute des changements de comportement des clients et des besoins émergents pour vous assurer que vos personnalités restent exactes et pertinentes. Affiner régulièrement vos personas vous permet de rester en contact avec votre marché cible et d'adapter vos stratégies en conséquence.

Points clés à retenir

- Rassemblez des données et des informations provenant de diverses sources pour créer des personnalités client précises.
- Définissez les caractéristiques de la personnalité, y compris les données démographiques, psychographiques et les comportements.

- Identifiez les besoins, les motivations et les points faibles des clients pour adapter vos stratégies marketing.
- Segmentez les personas en fonction d'attributs ou de comportements partagés.
- Humanisez les personas pour favoriser l'empathie et l'orientation client.
- Utilisez des personnages pour guider vos messages marketing, vos offres de produits et votre contenu.
- Révisez et mettez à jour périodiquement vos personas pour rester en phase avec la dynamique des clients.

En créant des personas client, vous acquérez une meilleure compréhension de votre public cible, ce qui vous permet de développer des stratégies marketing plus efficaces. Ces personnages servent de boussole, vous aidant à naviguer dans la complexité des préférences des clients et vous permettant de proposer des expériences ciblées et personnalisées.

Développer des messages marketing efficaces

Développer des messages marketing efficaces est crucial pour capter l'attention et engager votre public cible. Vos messages marketing doivent trouver un écho auprès de vos clients idéaux, répondre à leurs besoins et à leurs désirs et les inciter à agir. Dans cette section, nous explorerons des stratégies pour créer des messages marketing convaincants et percutants qui stimulent l'engagement et les conversions des clients.

Comprendre votre public cible

Avant de développer des messages marketing, il est essentiel d'avoir une compréhension approfondie de votre public cible.

Référez-vous aux personnalités de vos clients et aux informations que vous avez recueillies sur leurs caractéristiques, leurs préférences et leurs motivations. En comprenant leurs besoins, leurs points faibles et leurs aspirations, vous pouvez adapter vos messages pour répondre directement à leurs désirs et positionner vos produits ou services comme des solutions à leurs problèmes.

Mettre en évidence la proposition de valeur unique

Vos messages marketing doivent clairement communiquer votre proposition de valeur unique. Identifiez ce qui distingue votre entreprise de vos concurrents et comment vos offres offrent des avantages distincts aux clients. Concentrez-vous sur les principales caractéristiques, avantages et avantages qui distinguent vos produits ou services. Expliquez clairement pourquoi votre public cible devrait choisir votre marque plutôt que les autres. La mise en évidence de votre proposition de valeur unique aide à créer une différenciation et fournit une raison convaincante pour les clients de choisir votre entreprise.

Utilisez un langage clair et concis

Lorsque vous rédigez des messages marketing, utilisez un langage clair et concis facile à comprendre. Évitez le jargon ou les termes techniques susceptibles de semer la confusion ou d'éloigner votre public. Gardez vos messages simples et directs, en transmettant efficacement vos points clés. Utilisez un langage qui résonne avec votre public cible et correspond à son style de communication. N'oubliez pas que la clarté et la simplicité sont essentielles pour que vos messages soient facilement compris et mémorables.

Appel aux émotions

L'appel émotionnel est un puissant outil de marketing. Tenez compte des désirs émotionnels, des besoins et des points douloureux de votre public cible. Créez des messages qui exploitent leurs émotions, telles que la joie, la peur, l'aspiration ou la nostalgie. Utilisez des techniques de narration pour créer un lien émotionnel avec votre public, illustrant comment vos produits ou services peuvent avoir un impact positif sur leur vie. La résonance émotionnelle aide à forger un lien plus fort avec votre public et augmente la probabilité d'engagement et de conversion.

Fournir une preuve sociale : la preuve sociale joue un rôle important en influençant le comportement des consommateurs. Incorporez des éléments de preuve sociale dans vos messages marketing pour renforcer la confiance et la crédibilité. Mettez en évidence les avis clients positifs, les témoignages, les études de cas ou le contenu généré par les utilisateurs qui démontrent la satisfaction et le succès des clients précédents. Cela rassure votre public cible et l'encourage à faire confiance à votre marque et à effectuer un achat.

Appel à l'action

Les messages marketing efficaces incluent un appel à l'action (CTA) clair et convaincant. Un CTA invite votre public à effectuer une action spécifique, comme effectuer un achat, s'inscrire à une newsletter ou contacter votre entreprise. Rendez vos CTA clairs, exploitables et faciles à suivre. Utilisez un langage orienté vers l'action et créez un sentiment d'urgence ou d'exclusivité pour inciter votre public à agir immédiatement.

Test et optimisation

Développer des messages marketing efficaces est un processus itératif. Testez et optimisez en permanence vos messages en fonction de la réponse et des commentaires de votre public cible. Les tests A/B de différentes variantes de vos messages peuvent aider à identifier les approches les plus efficaces. Faites attention aux mesures d'engagement, aux taux de conversion et aux commentaires des clients pour affiner et améliorer votre messagerie au fil du temps.

Points clés à retenir

- Comprenez votre public cible et ses besoins grâce aux personnalités des clients.
- Communiquez clairement votre proposition de valeur unique dans vos messages marketing.
- Utilisez un langage clair et concis qui est facilement compris par votre public.
- Faites appel aux émotions pour créer un lien fort avec votre public cible.
- Intégrez la preuve sociale pour renforcer la confiance et la crédibilité.
- Incluez un appel à l'action (CTA) clair et convaincant dans vos messages.
- Testez et optimisez en permanence vos messages marketing en fonction de la réponse du public.

En développant des messages marketing efficaces, vous pouvez communiquer efficacement la valeur de vos produits ou services à votre public cible. Créez des messages qui résonnent émotionnellement, mettez en valeur votre proposition de valeur unique et incluez un puissant appel à l'action. Grâce à des tests et à une optimisation continus, vous pouvez affiner vos messages et maximiser leur impact, en stimulant l'engagement des clients et les conversions.

CHAPITRE 3
Construire une marque forte

Construire une marque forte est essentiel pour différencier votre entreprise de ses concurrents et créer une identité mémorable et fiable dans l'esprit de votre public cible. Dans ce chapitre, nous explorerons des stratégies pour créer une marque forte en développant une proposition de valeur unique, en concevant une identité de marque mémorable et en établissant la cohérence de la marque.

Élaboration de votre proposition de valeur unique

Une marque forte commence par une proposition de valeur unique (UVP) qui communique clairement les avantages distincts et la valeur que votre entreprise offre aux clients. Votre UVP vous distingue de vos concurrents et donne aux clients une raison impérieuse de choisir votre marque. Définissez ce qui rend votre entreprise spéciale, qu'il s'agisse d'une qualité exceptionnelle, de solutions innovantes, d'un service client exceptionnel ou d'un marché de niche spécifique. Créez un UVP clair et concis qui trouve un écho auprès de votre public cible, répond à leurs points faibles et met en évidence les avantages qu'ils gagneront en choisissant votre marque.

Concevoir une identité de marque mémorable

Une identité de marque mémorable aide votre entreprise à se démarquer et crée une représentation visuelle de la personnalité, des valeurs et des offres de votre marque. Commencez par concevoir un logo fort et distinctif qui reflète l'essence de votre marque. Choisissez des couleurs, des polices et des images qui correspondent à la personnalité de votre marque et évoquent la réaction émotionnelle souhaitée de votre public cible. Élaborez des directives de marque pour assurer la cohérence des éléments visuels sur tous les points de contact de la marque, y compris votre site Web, vos emballages, vos supports marketing et vos profils de réseaux sociaux. Une image de marque cohérente contribue à renforcer la reconnaissance et à renforcer l'identité de votre marque dans l'esprit de votre public.

Établir la cohérence de la marque

La cohérence est la clé pour construire une marque forte. Établissez des directives de marque claires qui définissent comment votre marque doit être présentée sur tous les canaux et points de contact. La cohérence des messages, de l'identité visuelle, du ton de la voix et de l'expérience client renforce la confiance, la familiarité et la fidélité de votre public. Assurez-vous que tous les employés et parties prenantes comprennent et adhèrent à ces directives de marque. Une image de marque cohérente aide à créer une image de marque cohérente et unifiée, ce qui est crucial pour établir la crédibilité et la reconnaissance sur le marché.

Créer une histoire de marque

Une histoire de marque convaincante ajoute de la profondeur et un lien émotionnel à votre marque. Il communique l'objectif, l'histoire, les valeurs de votre marque et le parcours qui a conduit à sa création. Créez un récit qui résonne avec votre public cible et met en valeur l'authenticité de votre marque. Partagez l'histoire de votre marque via différents canaux, y compris votre site Web, les médias sociaux et les supports marketing. Une histoire de marque bien conçue aide à humaniser votre marque et favorise un lien plus fort avec votre public, établissant un sentiment de confiance et de fidélité.

Renforcer la notoriété de la marque

La notoriété de la marque est la mesure dans laquelle votre public cible reconnaît et se souvient de votre marque. Établir des stratégies pour accroître la notoriété de la marque grâce à divers efforts de marketing. Élaborez un plan marketing complet qui comprend des tactiques telles que le marketing des médias sociaux, le marketing de contenu, l'optimisation des moteurs de recherche (SEO), les partenariats d'influence et la publicité traditionnelle, le cas échéant. Communiquez constamment les messages, les valeurs et les offres de votre marque via ces canaux pour atteindre et engager votre public cible. L'objectif est de créer une forte présence sur le marché et de faire de votre marque une priorité lorsque les clients envisagent des produits ou des services dans votre secteur.

Maintenir la réputation de la marque

Construire une marque forte va de pair avec le maintien d'une réputation de marque positive. La réputation de votre marque est façonnée par les expériences des clients, les avis et les perceptions de votre marque. Concentrez-vous sur la fourniture d'expériences client exceptionnelles et répondez rapidement et efficacement aux préoccupations des clients. Encouragez les commentaires et les témoignages des clients et gérez activement votre réputation en ligne en surveillant les commentaires et en interagissant avec votre public. Une solide réputation de marque favorise la confiance, la crédibilité et la promotion, renforçant ainsi la position de votre marque sur le marché.

Points clés à retenir

- Créez une proposition de valeur unique qui distingue votre marque de vos concurrents.

- Concevez une identité de marque mémorable grâce à un logo distinctif, des couleurs et des éléments visuels.
- Établir la cohérence de la marque en élaborant des directives de marque claires et en garantissant le respect

Élaboration de votre proposition de valeur unique

L'élaboration d'une proposition de valeur unique (UVP) est une étape cruciale dans la construction d'une marque forte. Votre UVP communique les avantages et la valeur distincts que votre entreprise offre aux clients, vous distinguant ainsi de vos concurrents. Dans cette section, nous explorerons des stratégies pour créer une UVP efficace et convaincante qui trouve un écho auprès de votre public cible et établit une identité de marque forte.

Comprendre les besoins des clients

Pour créer un UVP puissant, il est essentiel d'avoir une compréhension approfondie de votre public cible et de ses besoins. Menez des études de marché, recueillez des informations sur les clients et analysez les offres des concurrents pour identifier les lacunes et les opportunités. Comprenez les points faibles et les désirs de vos clients, et comment vos produits ou services peuvent répondre à leurs besoins d'une manière unique et précieuse. En comprenant les défis et les aspirations de vos clients, vous pouvez aligner votre UVP sur leurs motivations et positionner votre marque comme fournisseur de solutions.

Identifiez vos propositions de vente uniques

Pour différencier votre marque, il est essentiel d'identifier vos propositions de vente uniques (USP). Ce sont les caractéristiques, avantages ou caractéristiques distincts qui distinguent vos produits ou services de vos concurrents. Analysez vos offres et identifiez ce qui les rend exceptionnelles ou différentes. Il peut s'agir d'une qualité supérieure, de fonctionnalités innovantes, d'un service client exceptionnel, d'une commodité ou d'un créneau spécifique. Identifiez les principaux atouts et avantages de votre entreprise qui résonnent auprès de votre public cible et constituent la base de votre UVP.

Résoudre les problèmes des clients

Votre UVP doit aborder directement les points faibles et les défis auxquels est confronté votre public cible. Identifiez les problèmes ou les frustrations spécifiques que vos clients rencontrent et expliquez comment vos produits ou services apportent des solutions. Mettez en évidence les bénéfices et les avantages uniques qui atténuent leurs points douloureux et améliorent leur vie. En positionnant votre marque comme solutionneur de problèmes, vous créez une raison impérieuse pour les clients de choisir votre entreprise plutôt que vos concurrents.

Communiquer des messages clairs et concis

L'élaboration d'un UVP concis et clair est essentiel pour communiquer efficacement la valeur de votre marque. Votre UVP doit être facilement compréhensible et mémorable. Utilisez un langage simple et direct qui résonne avec votre public cible. Évitez le jargon ou les termes techniques qui peuvent confondre ou aliéner vos clients. Expliquez clairement les principaux avantages et avantages offerts par votre marque de manière concise. Assurez-vous que votre UVP véhicule un message fort qui capte instantanément l'attention et l'intérêt de votre public.

Focus sur les avantages client

S'il est important de mettre en évidence les caractéristiques ou les qualités uniques de vos produits ou services, il est tout aussi crucial de mettre l'accent sur les avantages pour le client. Les clients sont intéressés par la manière dont vos offres amélioreront leur vie ou résoudront leurs problèmes. Communiquez clairement les avantages et les résultats spécifiques auxquels les clients peuvent s'attendre en choisissant votre marque. Concentrez-vous sur la valeur qu'ils recevront, qu'il s'agisse de gagner du temps, d'économiser de l'argent, d'améliorer la productivité, d'améliorer la santé ou d'acquérir un avantage concurrentiel. Mettez l'accent sur la transformation que votre marque permet, car les clients sont motivés par l'impact positif sur leur vie.

Affinez et testez en continu votre UVP

L'élaboration d'un UVP efficace est un processus itératif. Affinez et testez en permanence votre UVP en fonction des commentaires des clients, des tendances du marché et de l'analyse de la concurrence. Recherchez les commentaires de votre public cible par le biais d'enquêtes, de groupes de discussion ou de conversations directes. Analysez l'impact de votre UVP auprès des clients et faites les ajustements nécessaires. Un UVP bien conçu doit évoluer pour rester pertinent et percutant dans un paysage de marché en évolution.

Points clés à retenir

- Comprenez votre public cible et ses besoins pour créer une UVP convaincante.

- Identifiez vos propositions de vente uniques (USP) qui différencient votre marque.

- Résolvez les problèmes des clients et positionnez votre marque en tant que fournisseur de solutions.

- Communiquez votre UVP dans un langage clair, concis et facilement compréhensible.

- Concentrez-vous sur les avantages pour le client et la valeur que votre marque offre.
- Affinez et testez en permanence votre UVP en fonction des commentaires des clients et de la dynamique du marché.

En élaborant une proposition de valeur unique qui communique efficacement les avantages distincts de votre marque, vous pouvez vous différencier sur le marché et établir une identité de marque forte. Un UVP convaincant trouve un écho auprès de votre public cible, répond à ses points faibles et le motive à choisir votre marque plutôt que vos concurrents.

Concevoir une identité de marque mémorable

Introduction : Concevoir une identité de marque mémorable est crucial pour créer une image distincte et reconnaissable pour votre entreprise. Une identité de marque forte vous aide à vous démarquer de vos concurrents, à établir un lien avec votre public cible et à communiquer l'essence de votre marque. Dans cette section, nous explorerons des stratégies pour concevoir une identité de marque mémorable qui s'aligne sur la personnalité de votre marque et résonne avec votre public.

Comprendre la personnalité de votre marque

Avant de concevoir votre identité de marque, il est important d'avoir une compréhension claire de la personnalité de votre marque. Définissez les attributs, les valeurs et les caractéristiques que vous souhaitez que votre marque véhicule. Déterminez si votre marque est audacieuse et aventureuse, professionnelle et digne de confiance, ludique et créative, ou toute autre combinaison de traits. Cette compréhension guidera les éléments visuels et le ton de la voix que vous intégrez à votre identité de marque.

Créer un logo distinctif

Un logo est la pièce maîtresse de votre identité de marque et agit comme une représentation visuelle de votre marque. Concevez un logo distinctif, mémorable et aligné sur la personnalité de votre marque. Envisagez l'utilisation de formes, de typographies et de combinaisons de couleurs uniques qui reflètent l'essence de votre marque. Le logo doit être simple, polyvalent et facilement reconnaissable sur différentes plateformes et tailles. Assurez-vous que votre logo se démarque et laisse une impression durable sur votre public.

Choisissez des couleurs qui résonnent

Les couleurs jouent un rôle puissant dans l'identité de la marque car elles évoquent des émotions et transmettent des messages. Choisissez des couleurs qui correspondent à la personnalité de votre marque et résonnent avec votre public cible. Considérez les associations psychologiques de différentes couleurs et sélectionnez une palette de couleurs qui communique les émotions et les perceptions souhaitées. Par exemple, le bleu peut exprimer la confiance et le professionnalisme, tandis que le jaune peut représenter l'optimisme et l'énergie. Utilisez les couleurs de manière cohérente sur tous les points de contact de la marque pour renforcer l'identité de votre marque et créer une reconnaissance visuelle.

Sélectionnez la typographie appropriée

La typographie influence le ton et la perception de votre marque. Choisissez des polices qui reflètent la personnalité de votre marque et qui sont lisibles dans différentes tailles et supports. Tenez compte des caractéristiques des différentes familles de polices, telles que les polices avec empattement, sans empattement ou de script, et sélectionnez celles qui correspondent à l'identité de votre marque.

Utilisez la typographie de manière cohérente dans vos supports marketing, votre site Web et d'autres actifs de marque pour créer une expérience de marque cohérente et reconnaissable.

Conception d'éléments visuels cohérents

Au-delà du logo, la cohérence des éléments visuels est cruciale pour une identité de marque forte. Développez un ensemble d'éléments visuels, tels que des motifs, des icônes ou des illustrations, qui correspondent à la personnalité de votre marque et renforcent votre message. Utilisez ces éléments de manière cohérente dans vos supports marketing, votre site Web et vos réseaux sociaux pour créer une identité visuelle cohérente. La cohérence des éléments visuels favorise la reconnaissance de la marque et renforce l'expérience globale de la marque pour votre public.

Créer un ton de voix

L'identité de marque n'est pas seulement visuelle ; il englobe également le ton de la voix dans vos communications. Définissez un ton de voix qui correspond à la personnalité de votre marque et résonne avec votre public cible. Déterminez si la voix de votre marque est formelle, décontractée, autoritaire, amicale ou tout autre ton qui correspond au caractère de votre marque. Utilisez ce ton de manière cohérente dans la copie de votre site Web, les légendes des médias sociaux et d'autres communications destinées aux clients pour créer une voix de marque cohérente et authentique.

Établir des directives de marque

Pour assurer la cohérence de l'identité de votre marque, établissez des directives de marque qui décrivent les éléments visuels et verbaux de votre marque. Ces lignes directrices servent de référence à votre équipe, garantissant que toutes les personnes impliquées dans la représentation de votre marque comprennent et adhèrent à l'identité de marque définie. Incluez des spécifications pour l'utilisation du logo, les palettes de couleurs, la typographie et le ton de la voix. Les directives de la marque fournissent de la clarté et maintiennent la cohérence entre les différents canaux marketing et points de contact.

Adaptabilité pour différents canaux

Concevez votre identité de marque pour qu'elle soit adaptable à différents canaux et supports marketing. Réfléchissez à la façon dont les éléments de votre marque se traduiront sur diverses plateformes, telles que les sites Web, les médias sociaux, les documents imprimés et les emballages. Assurez-vous que l'identité de votre marque reste visuellement cohérente et reconnaissable, tout en tenant compte des exigences et des limites spécifiques de chaque canal.

Points clés à retenir

- Comprendre la personnalité et les attributs de votre marque pour guider la conception de votre identité de marque.
- Concevez un logo distinctif qui reflète l'essence de votre marque.
- Choisissez des couleurs et une typographie qui correspondent à la personnalité de votre marque et résonnent avec votre public cible.
- Créez des éléments visuels cohérents qui renforcent le message de votre marque.
- Créez un ton de voix qui correspond au caractère de votre marque et résonne avec votre public.

- Établissez des directives de marque pour assurer la cohérence de votre identité de marque.
- Concevez votre identité de marque pour qu'elle soit adaptable sur différents canaux de marketing.

En concevant une identité de marque mémorable, vous pouvez créer une représentation visuelle qui reflète l'essence de votre marque et résonne avec votre public. Une identité de marque forte améliore la reconnaissance, renforce la confiance et différencie votre entreprise de ses concurrents.

Établir la cohérence de la marque

Établir la cohérence de la marque est crucial pour construire une marque forte et reconnaissable. La cohérence garantit que l'identité, la messagerie et l'expérience client de votre marque restent cohérentes sur tous les points de contact. Dans cette section, nous explorerons des stratégies pour établir la cohérence de la marque et son importance dans la création d'une image de marque unifiée et percutante.

Définir les lignes directrices de la marque

Pour assurer la cohérence de la marque, commencez par définir des directives de marque complètes. Ces directives servent de référence pour votre équipe et vos parties prenantes, décrivant les éléments spécifiques de l'identité de votre marque, y compris l'utilisation du logo, les palettes de couleurs, la typographie, le style d'imagerie et le ton de la voix. La documentation de ces directives garantit que toutes les personnes impliquées dans la représentation de votre marque comprennent et adhèrent aux normes de marque définies. Communiquez clairement ces directives pour maintenir la cohérence entre tous les supports marketing et les communications.

Maintenir la cohérence visuelle

La cohérence visuelle est essentielle pour établir une identité de marque forte. Assurez-vous que les éléments visuels de votre marque, tels que les logos, les couleurs, les polices et les éléments de conception, sont utilisés de manière cohérente sur tous les points de contact de la marque. Qu'il s'agisse de votre site Web, de vos profils sur les réseaux sociaux, de vos documents imprimés ou de vos emballages, l'identité visuelle doit rester cohérente. Le respect des directives de marque définies garantit que votre public peut facilement reconnaître et associer votre marque à son identité visuelle, améliorant ainsi le rappel et la perception de la marque.

Messagerie et ton de voix cohérents

La cohérence des messages et du ton de la voix est tout aussi importante. Créez une voix de marque cohérente qui s'aligne sur la personnalité de votre marque et résonne avec votre public cible. Maintenez un ton cohérent dans toutes les communications destinées aux clients, telles que la copie du site Web, les publications sur les réseaux sociaux, le marketing par e-mail et les interactions avec le support client. Votre message de marque doit renforcer votre proposition de valeur unique, votre positionnement et les principaux attributs de votre marque. Des messages cohérents contribuent à renforcer la confiance et la familiarité avec votre public, leur permettant de développer une compréhension claire de l'identité et des valeurs de votre marque.

Formation et directives des employés

Vos employés sont des ambassadeurs clés de la marque et jouent un rôle crucial dans le maintien de la cohérence de la marque. Fournissez une formation et des directives pour vous assurer que tous les employés comprennent et incarnent l'identité, les valeurs et les messages de votre marque. Communiquez clairement les directives de la marque et fournissez des exemples pour illustrer comment elles doivent être appliquées dans différentes situations. Informez régulièrement les employés de toute modification ou mise à jour des directives de la marque afin de vous assurer qu'ils restent alignés sur l'évolution de l'identité de la marque. En donnant aux employés les connaissances et les outils nécessaires pour représenter votre marque de manière cohérente, vous renforcez une expérience de marque unifiée.

Cohérence entre les canaux marketing

Il est essentiel de maintenir la cohérence de la marque sur les différents canaux de marketing. Qu'il s'agisse des réseaux sociaux, des campagnes publicitaires, du marketing par e-mail ou des canaux hors ligne, assurez-vous que l'identité visuelle et les messages de votre marque restent cohérents. Adaptez la présentation de votre marque aux exigences spécifiques de chaque canal tout en conservant les éléments essentiels qui définissent votre marque. Une image de marque cohérente sur tous les canaux contribue à renforcer la reconnaissance de la marque, renforce les attributs uniques de votre marque et crée une expérience de marque cohérente pour votre public.

Audits réguliers de la marque

Effectuez des audits de marque réguliers pour évaluer la cohérence et l'efficacité de la mise en œuvre de votre marque. Évaluez dans quelle mesure les directives de votre marque sont suivies et si des écarts ou des incohérences sont apparus. Effectuez un examen approfondi des points de contact de votre marque, y compris des supports en ligne et hors ligne, pour identifier toute incohérence dans la conception, la messagerie ou le ton de la voix. Résolvez rapidement tout problème et effectuez les ajustements nécessaires pour vous aligner sur les directives de votre marque. Des audits de marque réguliers garantissent que votre marque reste cohérente et alignée sur votre identité de marque définie.

Importance de la cohérence de la marque

Établir la cohérence de la marque est crucial pour plusieurs raisons. Premièrement, il favorise la reconnaissance et le rappel de la marque, permettant à votre public d'identifier et de se souvenir facilement de votre marque au milieu de la concurrence. La cohérence renforce également la confiance et la crédibilité, car une expérience de marque cohérente rassure les clients sur la fiabilité et le professionnalisme de votre entreprise. De plus, la cohérence de la marque crée un sentiment de cohérence et de familiarité, ce qui améliore l'expérience client globale et encourage la fidélité des clients.

Points clés à retenir

- Définissez des directives de marque complètes pour assurer la cohérence des éléments visuels, des messages et du ton de la voix.

- Maintenez une cohérence visuelle en utilisant des éléments de marque cohérents sur tous les points de contact.

- Créez une voix et un message de marque cohérents qui correspondent à la personnalité de votre marque.

- Fournir une formation et des directives aux employés pour assurer une représentation cohérente de la marque.

- Maintenir la cohérence de la marque sur tous les canaux de marketing.

- Effectuez des audits réguliers de la marque pour évaluer et corriger toute incohérence.
- La cohérence de la marque renforce la reconnaissance, la confiance et une expérience de marque cohérente pour votre public.

En établissant la cohérence de la marque, vous créez une identité de marque unifiée qui renforce la reconnaissance, renforce la confiance et améliore l'expérience client globale. La cohérence entre tous les points de contact garantit que votre public reçoit un message de marque cohérent et percutant, renforçant leur lien avec votre marque et favorisant une fidélité à long terme à la marque.

CHAPITRE 4
Exploiter la puissance du marketing numérique

À l'ère numérique d'aujourd'hui, tirer parti de la puissance du marketing numérique est essentiel pour que les petites entreprises atteignent leur public cible, renforcent la notoriété de la marque et stimulent la croissance. Le marketing numérique offre un large éventail de stratégies et d'outils qui peuvent être très efficaces et rentables. Dans ce chapitre, nous explorerons diverses tactiques de marketing numérique, y compris l'optimisation des moteurs de recherche (SEO), le marketing des médias sociaux, le marketing de contenu et le marketing par e-mail, pour aider les petites entreprises à maximiser leur présence en ligne et à atteindre leurs objectifs marketing.

Optimisation des moteurs de recherche (SEO)

L'optimisation des moteurs de recherche est le processus d'amélioration de la visibilité et du classement de votre site Web sur les pages de résultats des moteurs de recherche. En optimisant le contenu, la structure et les éléments techniques de votre site Web, vous pouvez augmenter le trafic organique des moteurs de recherche. Les principales stratégies de référencement incluent la recherche et l'optimisation de mots clés, la création de contenu pertinent et de haute qualité, l'optimisation des balises méta et des en-têtes, l'amélioration de la vitesse du site Web et de la convivialité pour les mobiles, et la création de backlinks de haute qualité. La mise en œuvre des meilleures pratiques de référencement aide votre site Web à apparaître en bonne place dans les résultats de recherche, en générant un trafic ciblé et en augmentant la visibilité de la marque.

Marketing des médias sociaux

Les plateformes de médias sociaux offrent un puissant moyen de se connecter avec votre public cible, de renforcer la notoriété de la marque et de favoriser l'engagement des clients. Identifiez les plateformes de médias sociaux qui correspondent à votre public cible et développez une stratégie de marketing des médias sociaux. Créez du contenu engageant et partageable, y compris des publications, des images, des vidéos et des histoires qui reflètent la personnalité de votre marque et trouvent un écho auprès de votre public. Utilisez la publicité sur les réseaux sociaux pour étendre votre portée et cibler des groupes démographiques spécifiques. Interagissez avec votre public en répondant aux commentaires, aux messages et aux critiques. Le marketing des médias sociaux vous permet de créer une communauté autour de votre marque et de générer du trafic vers votre site Web ou d'autres canaux en ligne.

Marketing de contenu

Le marketing de contenu consiste à créer et à distribuer un contenu précieux et pertinent pour attirer et engager votre public cible. Développez une stratégie de marketing de contenu qui s'aligne sur les objectifs et le public cible de votre marque. Créez des articles de blog, des articles, des vidéos, des infographies et d'autres formats de contenu informatifs et engageants qui répondent aux points faibles, aux intérêts et aux aspirations de votre public. Optimisez votre contenu pour les moteurs de recherche afin d'augmenter la visibilité et de générer du trafic organique. Tirez parti des canaux de distribution de contenu tels que les médias sociaux, les newsletters par e-mail et les blogs invités pour étendre votre portée. Le marketing de contenu positionne votre marque comme une autorité de confiance dans votre secteur, entretient les relations avec les clients et fidélise la marque.

Publicité par e-mail

Le marketing par e-mail reste un outil puissant pour nourrir les prospects, établir des relations avec les clients et générer des conversions. Créez une liste de diffusion en offrant un contenu précieux, des incitations ou des promotions exclusives aux visiteurs de votre site Web. Segmentez votre liste de diffusion en fonction de données démographiques, d'intérêts ou d'interactions passées pour fournir un contenu ciblé et personnalisé. Créez des campagnes par e-mail convaincantes comprenant des newsletters, des offres promotionnelles, des mises à jour de produits et des témoignages de clients. Optimisez vos e-mails pour les appareils mobiles et utilisez des visuels attrayants et une copie persuasive pour encourager les clics et les conversions. Le marketing par e-mail vous aide à rester en tête avec votre public, à générer des achats répétés et à fidéliser la clientèle.

Publicité payante

La publicité payante, telle que la publicité au paiement par clic (PPC) et la publicité display, vous permet d'atteindre votre public cible rapidement et efficacement. Des plates-formes telles que Google Ads et les plates-formes de publicité sur les réseaux sociaux offrent des options de ciblage robustes pour garantir que vos annonces sont vues par les bonnes personnes. Développez une stratégie de publicité payante en définissant vos objectifs, en sélectionnant des mots-clés appropriés, en établissant des budgets et en créant des textes publicitaires et des visuels attrayants. Surveillez et optimisez vos campagnes pour maximiser le retour sur investissement (ROI) et vous assurer d'atteindre efficacement votre public cible.

Analytique et mesure

L'analyse et la mesure sont essentielles pour comprendre l'efficacité de vos efforts de marketing numérique et prendre des décisions basées sur les données. Utilisez des outils d'analyse Web, tels que Google Analytics, pour suivre le trafic du site Web, le comportement des utilisateurs, les taux de conversion et d'autres indicateurs de performance clés (KPI). Surveillez les informations sur les réseaux sociaux et les mesures d'engagement pour évaluer l'impact de vos efforts sur les réseaux sociaux. Suivez les taux d'ouverture des e-mails, les taux de clics et les taux de conversion pour évaluer l'efficacité de vos campagnes de marketing par e-mail. Utilisez les informations obtenues grâce aux analyses pour affiner vos stratégies, optimiser vos campagnes et favoriser l'amélioration continue.

Points clés à retenir

- Mettre en œuvre des stratégies de référencement pour augmenter la visibilité du site Web et le trafic organique.
- Tirez parti des plateformes de médias sociaux pour la notoriété et l'engagement de la marque.
- Développez une stratégie de marketing de contenu pour attirer et engager votre public cible.
- Utilisez le marketing par e-mail pour entretenir des prospects, établir des relations et générer des conversions.

- Envisagez des options de publicité payante pour atteindre rapidement votre public cible.
- Utilisez des outils d'analyse et de mesure pour suivre et optimiser vos efforts de marketing numérique.

En exploitant la puissance du marketing numérique, les petites entreprises peuvent atteindre efficacement leur public cible, renforcer la notoriété de la marque et stimuler la croissance. L'utilisation d'une combinaison de référencement, de marketing des médias sociaux, de marketing de contenu, de marketing par e-mail, de publicité payante et d'analyse permet aux entreprises de créer une stratégie de marketing numérique complète et percutante qui s'aligne sur leurs objectifs et maximise leur présence en ligne.

Créer une présence en ligne complète

La création d'une présence en ligne complète est essentielle pour les petites entreprises afin d'établir une forte empreinte numérique, d'accroître la visibilité de la marque et de s'engager efficacement auprès de leur public cible. Une présence en ligne englobe diverses plateformes et canaux numériques sur lesquels votre entreprise interagit avec des clients et des prospects. Dans cette section, nous explorerons des stratégies pour créer une présence en ligne complète en optimisant votre site Web, en tirant parti des médias sociaux, en vous inscrivant dans des annuaires et en vous engageant avec des communautés en ligne.

Optimisez votre site Web

Votre site Web est la pièce maîtresse de votre présence en ligne. Optimisez votre site Web pour vous assurer qu'il offre une expérience conviviale et communique efficacement le message de votre marque. Assurez-vous que votre site Web est réactif et adapté aux mobiles, car un nombre croissant d'utilisateurs accèdent à Internet via des appareils mobiles. Optimisez la vitesse de chargement des pages, améliorez la navigation et rendez les informations facilement accessibles. Effectuez une recherche de mots clés et intégrez des mots clés pertinents dans le contenu de votre site Web pour améliorer la visibilité des moteurs de recherche. Utilisez des visuels attrayants, un contenu engageant et des appels à l'action (CTA) clairs pour encourager l'engagement et les conversions des utilisateurs.

Tirez parti des plateformes de médias sociaux

Les plateformes de médias sociaux offrent d'énormes opportunités pour atteindre et interagir avec votre public cible. Identifiez les plateformes de médias sociaux où votre public est le plus actif et créez des profils pour votre entreprise. Développez une stratégie de médias sociaux qui s'aligne sur les objectifs et le public cible de votre marque. Publiez régulièrement du contenu pertinent et engageant, notamment des articles, des images, des vidéos et des infographies. Utilisez les médias sociaux pour interagir avec votre public, répondre aux commentaires et aux messages et nouer des relations. Tirez parti de la publicité sur les réseaux sociaux pour étendre votre portée et cibler des groupes démographiques spécifiques. En exploitant efficacement les plateformes de médias sociaux, vous pouvez accroître la notoriété de votre marque et générer du trafic vers votre site Web.

Liste sur les annuaires en ligne

Les annuaires en ligne jouent un rôle crucial dans l'amélioration de votre présence en ligne et l'amélioration de votre visibilité dans les résultats de recherche. Inscrivez votre entreprise sur des annuaires populaires tels que Google My Business, Yelp, Pages Jaunes et des annuaires spécifiques à l'industrie. Assurez-vous que les informations sur votre entreprise, telles que le nom, l'adresse, le numéro de téléphone (NAP) et l'URL du site Web, sont exactes et cohérentes dans tous les annuaires. Encouragez les clients à laisser des avis sur ces annuaires pour renforcer votre réputation et votre crédibilité. L'inscription sur les annuaires aide les clients potentiels à découvrir votre entreprise et améliore votre classement dans les recherches locales.

Interagissez avec les communautés en ligne

S'engager avec des communautés en ligne vous permet de renforcer l'autorité de votre marque, d'établir des relations et d'étendre votre portée. Identifiez les communautés et les forums en ligne pertinents pour votre secteur ou votre public cible. Participez aux discussions, répondez aux questions et fournissez des informations précieuses. Évitez de promouvoir ouvertement votre entreprise ; concentrez-vous plutôt sur la fourniture d'informations utiles et pertinentes. En vous engageant activement auprès des communautés en ligne, vous vous positionnez comme un expert dans votre domaine et vous renforcez la confiance des clients potentiels. Soyez cohérent et authentique dans vos interactions pour favoriser une réputation positive et augmenter votre présence en ligne.

Mettre en œuvre des stratégies d'optimisation pour les moteurs de recherche (SEO)

Optimiser votre présence en ligne pour les moteurs de recherche est crucial pour améliorer votre visibilité et votre trafic organique. Effectuez une recherche de mots-clés pour identifier les mots-clés pertinents et intégrez-les naturellement dans le contenu de votre site Web, vos articles de blog et vos profils de médias sociaux. Créez un contenu informatif de haute qualité qui répond aux besoins et aux intérêts de votre public cible. Optimisez les balises méta, les en-têtes et les balises alt d'image de votre site Web avec des mots clés pertinents. Créez des backlinks de haute qualité à partir de sites Web réputés pour améliorer votre classement dans les moteurs de recherche. En mettant en œuvre des stratégies de référencement, vous améliorez votre visibilité en ligne et augmentez la probabilité d'attirer du trafic organique.

Surveiller et répondre aux avis en ligne

Les avis en ligne jouent un rôle important dans la formation de votre réputation en ligne et dans l'influence des clients potentiels. Surveillez et répondez aux avis en ligne sur des plateformes telles que Google, Yelp et les réseaux sociaux. Encouragez les clients satisfaits à laisser des avis positifs et répondez rapidement à tout commentaire négatif ou à toute préoccupation. Répondre aux avis montre que vous appréciez les commentaires des clients et que vous vous engagez à fournir un excellent service. Les avis positifs renforcent la crédibilité de votre marque, tandis que le traitement des avis négatifs démontre votre engagement à résoudre les problèmes et à améliorer la satisfaction des clients.

Points clés à retenir

- Optimisez votre site Web pour une expérience conviviale et une visibilité sur les moteurs de recherche.
- Tirez parti des plateformes de médias sociaux pour interagir avec votre public cible.
- Inscrivez votre entreprise sur des annuaires en ligne pour une visibilité accrue.
- Interagissez avec les communautés en ligne pour renforcer l'autorité de la marque et les relations.

- Mettez en œuvre des stratégies de référencement pour améliorer votre classement dans les moteurs de recherche.
- Surveillez et répondez aux avis en ligne pour gérer votre réputation en ligne.

En créant une présence en ligne complète, les petites entreprises peuvent améliorer la visibilité de leur marque, interagir avec leur public cible et établir leur crédibilité dans le paysage numérique. L'optimisation de votre site Web, l'exploitation des médias sociaux, l'inscription dans les annuaires, l'engagement avec les communautés en ligne, la mise en œuvre de stratégies de référencement et la gestion des avis en ligne sont des éléments clés pour créer une présence en ligne solide et efficace.

Tirer parti du marketing des médias sociaux

Introduction : Le marketing des médias sociaux est devenu une partie intégrante des stratégies de marketing numérique pour les petites entreprises. Tirer parti de la puissance des plateformes de médias sociaux permet aux entreprises de se connecter avec leur public cible, de renforcer la notoriété de la marque, de favoriser l'engagement et de stimuler la croissance. Dans cette section, nous explorerons des stratégies pour tirer parti efficacement du marketing des médias sociaux afin de maximiser votre présence en ligne et d'atteindre vos objectifs marketing.

Choisissez les bonnes plateformes de médias sociaux

Commencez par identifier les plateformes de médias sociaux qui correspondent à votre public cible et à vos objectifs commerciaux. Les plates-formes populaires incluent Facebook, Instagram, Twitter,

LinkedIn, Pinterest et YouTube. Tenez compte des données démographiques, des intérêts et des comportements de votre public cible lors de la sélection des plateformes. Chaque plate-forme a ses caractéristiques et sa base d'utilisateurs uniques, alors choisissez celles où votre public est le plus actif. Il est préférable de se concentrer sur quelques plates-formes et de maintenir une présence active plutôt que de trop se disperser sur plusieurs plates-formes.

Développer une stratégie de médias sociaux

Développer une stratégie de médias sociaux est essentiel pour atteindre vos objectifs marketing. Commencez par définir vos objectifs, qu'il s'agisse d'accroître la notoriété de la marque, de générer du trafic sur le site Web, de générer des prospects ou de favoriser l'engagement des clients. Identifiez les indicateurs de performance clés (KPI) qui correspondent à vos objectifs, tels que la croissance des abonnés, le taux d'engagement, les clics sur le site Web ou les conversions. Créez un calendrier de contenu pour planifier et programmer vos publications sur les réseaux sociaux, en garantissant un message de marque cohérent et cohérent. Incorporez un mélange de types de contenu, tels que des articles, des images, des vidéos, des infographies et du contenu généré par les utilisateurs, pour maintenir l'engagement de votre public.

Créer du contenu engageant et partageable

Pour capter l'attention de votre public et encourager l'engagement, il est crucial de créer un contenu engageant et partageable. Développez un contenu précieux, pertinent et aligné sur la personnalité de votre marque et les intérêts du public cible. Utilisez des visuels convaincants, des titres accrocheurs et des légendes concises mais informatives pour capter l'attention. Expérimentez avec différents formats et styles de contenu pour trouver ce qui résonne le mieux avec votre public. Encouragez le partage en incorporant des boutons de partage social, en demandant des avis ou des commentaires, ou en organisant des concours ou des cadeaux.

Interagissez avec votre public

Les médias sociaux sont un canal de communication bidirectionnel, et l'engagement avec votre public est essentiel pour établir des relations et favoriser la fidélité. Répondez rapidement aux commentaires, messages et mentions sur vos profils de médias sociaux. Posez des questions, encouragez les discussions et initiez des conversations pour générer de l'engagement. Montrez votre appréciation pour les commentaires positifs et répondez aux commentaires négatifs ou aux préoccupations de manière professionnelle et en temps opportun. S'engager avec votre public aide à humaniser votre marque et à créer une communauté autour d'elle.

Utiliser la publicité sur les réseaux sociaux

La publicité sur les réseaux sociaux fournit un outil puissant pour étendre votre portée, cibler des données démographiques spécifiques et atteindre vos objectifs marketing. Des plateformes telles que Facebook Ads, Instagram Ads et LinkedIn Ads offrent des options de ciblage robustes basées sur la démographie, les intérêts, les comportements et la localisation. Développez des campagnes publicitaires ciblées pour atteindre votre public souhaité et optimisez vos formats publicitaires pour chaque plateforme. Testez différents types d'annonces, telles que les annonces illustrées, les annonces vidéo, les annonces carrousel ou le contenu sponsorisé, afin de trouver les formats les plus efficaces pour vos objectifs. Suivez et analysez régulièrement les performances de vos campagnes publicitaires pour affiner votre ciblage et optimiser votre retour sur investissement (ROI).

Surveiller les analyses et les informations

Pour mesurer l'efficacité de vos efforts sur les réseaux sociaux, surveillez les analyses et les informations fournies par les plateformes. Utilisez les outils d'analyse intégrés pour suivre les indicateurs clés, tels que la croissance des abonnés, le taux d'engagement, la portée, les impressions, les clics et les conversions. Analysez les données pour mieux comprendre le comportement de votre public, les préférences de contenu et les performances de vos campagnes. Utilisez ces informations pour prendre des décisions basées sur les données, affiner votre stratégie de médias sociaux et optimiser votre contenu et vos campagnes publicitaires pour de meilleurs résultats.

Restez à jour avec les tendances et les changements d'algorithme

Les plateformes de médias sociaux et leurs algorithmes évoluent constamment. Restez à jour avec les dernières tendances, les changements d'algorithmes et les meilleures pratiques pour garder une longueur d'avance. Suivez les experts de l'industrie, participez aux communautés pertinentes et lisez des sources fiables pour vous tenir informé. Expérimentez de nouvelles fonctionnalités, telles que des histoires, des vidéos en direct ou des chatbots, pour garder votre présence sur les réseaux sociaux fraîche et engageante. Adaptez votre stratégie selon vos besoins pour tirer parti des dernières opportunités et rester pertinent dans le paysage en constante évolution des médias sociaux.

Points clés à retenir

- Choisissez des plateformes de médias sociaux qui correspondent à votre public cible et à vos objectifs commerciaux.
- Développer une stratégie de médias sociaux avec des objectifs clairs et des KPI.
- Créez du contenu engageant et partageable pour capter l'attention et encourager l'engagement.
- Interagissez avec votre public en répondant aux commentaires, aux messages et aux mentions.
- Utilisez la publicité sur les réseaux sociaux pour étendre votre portée et atteindre des objectifs spécifiques.
- Surveillez les analyses et les informations pour mesurer l'efficacité de vos efforts sur les réseaux sociaux.
- Restez à jour avec les tendances et les changements d'algorithmes pour rester pertinent et maximiser votre impact.

En tirant efficacement parti du marketing des médias sociaux, les petites entreprises peuvent renforcer la notoriété de leur marque, interagir avec leur public cible, générer du trafic sur leur site Web et, en fin de compte, atteindre leurs objectifs marketing. La mise en œuvre d'une stratégie de médias sociaux bien définie, la création d'un contenu attrayant, l'interaction avec le public, l'utilisation de la publicité sur les médias sociaux, la surveillance des analyses et le suivi des tendances permettent aux entreprises de maximiser le potentiel des plateformes de médias sociaux pour leur présence en ligne et la croissance de leur entreprise.

Mise en œuvre de stratégies d'optimisation pour les moteurs de recherche (SEO)

La mise en œuvre de stratégies d'optimisation pour les moteurs de recherche (SEO) est cruciale pour améliorer la visibilité de votre site Web, générer du trafic organique et augmenter votre présence en ligne. Le référencement consiste à optimiser le contenu, la structure et les éléments techniques de votre site Web pour obtenir un meilleur classement dans les pages de résultats des moteurs de recherche (SERP). Dans cette section, nous explorerons les principales stratégies de référencement et les meilleures pratiques que les petites entreprises peuvent mettre en œuvre pour améliorer leur classement dans les moteurs de recherche et attirer un trafic pertinent.

Recherche et optimisation de mots-clés

La recherche de mots-clés est la base d'un référencement efficace. Commencez par identifier les mots-clés et les expressions que votre public cible est susceptible d'utiliser lors de la recherche de produits, de services ou d'informations liés à votre entreprise. Utilisez des outils de recherche de mots clés pour découvrir des mots clés pertinents et évaluer leur volume de recherche et leur concurrence. Incorporez naturellement ces mots-clés dans le contenu de votre site Web, y compris les en-têtes, les titres de page, les méta-descriptions et le corps du texte. Optimisez votre contenu en fournissant des informations précieuses qui correspondent à l'intention derrière les mots-clés choisis.

Contenu de haute qualité et pertinent

La création de contenu de haute qualité et pertinent est essentielle pour le succès du référencement. Développpez un contenu informatif et engageant qui répond aux besoins et aux intérêts de votre public cible. Publiez des articles de blog, des articles, des guides et d'autres formes de contenu qui répondent à des questions courantes, fournissent des solutions à des problèmes ou partagent des informations sur l'industrie. Assurez-vous que votre contenu est bien documenté, bien écrit et qu'il apporte de la valeur au lecteur. Mettez régulièrement à jour et ajoutez du nouveau contenu à votre site Web pour démontrer votre expertise et fidéliser les visiteurs.

Optimisation des éléments sur la page

L'optimisation des éléments sur la page de votre site Web est cruciale pour la visibilité des moteurs de recherche. Optimisez les titres de page, les en-têtes et les méta descriptions en incorporant des mots-clés pertinents tout en maintenant leur lisibilité et leur pertinence. Utilisez des URL descriptives et concises qui incluent des mots clés lorsque cela est possible. Structurez votre contenu avec des sous-titres (H1, H2, H3, etc.) pour améliorer la lisibilité et signaler la hiérarchie des informations aux moteurs de recherche. Optimisez vos images en utilisant des balises alt descriptives qui incluent des mots-clés. En optimisant ces éléments sur la page, vous fournissez aux moteurs de recherche des informations pertinentes sur votre contenu.

Expérience utilisateur et performances du site Web

L'expérience utilisateur et les performances du site Web sont des facteurs critiques dans le référencement. Assurez-vous que votre site Web est adapté aux mobiles et réactif pour offrir une expérience transparente sur différents appareils. Améliorez la vitesse de chargement du site Web en optimisant la taille des images, en minimisant le code et en utilisant des techniques de mise en cache. Améliorez la navigation sur le site Web en organisant votre contenu de manière logique et en proposant des menus et des liens internes clairs et intuitifs. Créez une structure de site Web conviviale qui permet aux visiteurs et aux robots des moteurs de recherche de naviguer facilement. Une expérience utilisateur positive améliore les mesures d'engagement et signale aux moteurs de recherche que votre site Web apporte de la valeur.

Créer des backlinks de haute qualité

La création de backlinks de haute qualité à partir de sites Web réputés est essentielle pour améliorer votre classement dans les moteurs de recherche. Les backlinks servent de "votes" de confiance et d'autorité pour votre site Web. Développez une stratégie de création de liens qui se concentre sur l'acquisition de backlinks à partir de sources pertinentes et faisant autorité dans votre secteur. Recherchez des opportunités de blogs invités, de collaboration ou de partenariats avec des influenceurs ou des experts de l'industrie. Créez un contenu convaincant et partageable qui attire naturellement les backlinks. Surveillez régulièrement votre profil de backlink pour vous assurer que vous maintenez un profil de lien sain et diversifié.

Optimisation pour la recherche locale

Pour les entreprises ciblant un public local, l'optimisation de la recherche locale est cruciale. Créez et optimisez votre fiche Google My Business pour améliorer votre visibilité dans les résultats de recherche locaux. Incluez des informations exactes et à jour, telles que le nom de l'entreprise, l'adresse, le numéro de téléphone (NAP), l'URL du site Web et les heures d'ouverture. Encouragez les clients à laisser des avis sur votre fiche Google My Business. Optimisez le contenu de votre site Web avec des mots clés spécifiques à l'emplacement et créez des pages de destination basées sur l'emplacement si vous desservez plusieurs zones géographiques. Utilisez les annuaires locaux et les sites de citations pour améliorer la visibilité de votre recherche locale.

Surveillance et analyse

Surveillez régulièrement les performances de votre site Web à l'aide d'outils d'analyse tels que Google Analytics. Suivez les indicateurs clés tels que le trafic organique, le classement des mots clés, le taux de rebond et les taux de conversion. Analysez le comportement des utilisateurs sur votre site Web pour identifier les domaines à améliorer et optimiser votre contenu et votre expérience utilisateur en conséquence. Configurez Google Search Console pour surveiller l'état d'indexation de votre site Web, identifier les erreurs d'exploration et soumettre des sitemaps XML. Le suivi et l'analyse de vos efforts de référencement vous permettent de prendre des décisions basées sur les données et d'améliorer en permanence la visibilité de votre moteur de recherche.

Points clés à retenir

- Effectuez une recherche de mots clés pour identifier les mots clés pertinents pour votre public cible.
- Créez un contenu de haute qualité et pertinent qui répond aux besoins du public.
- Optimisez les éléments de la page tels que les titres de page, les en-têtes et les méta descriptions.
- Assurez une expérience utilisateur et des performances de site Web positives.
- Créez des backlinks de haute qualité à partir de sources fiables.
- Optimisez la recherche locale si vous ciblez un public local.

- Surveillez et analysez régulièrement vos performances SEO à l'aide d'outils d'analyse.

En mettant en œuvre des stratégies de référencement efficaces, les petites entreprises peuvent améliorer leur visibilité sur les moteurs de recherche, générer du trafic organique et accroître leur présence en ligne. La recherche de mots-clés, la création de contenu de haute qualité, l'optimisation des pages, l'amélioration de l'expérience utilisateur, la création de liens, l'optimisation de la recherche locale, ainsi que la surveillance et l'analyse sont des éléments cruciaux d'une stratégie de référencement réussie. Une approche SEO bien exécutée aide les entreprises à attirer un trafic pertinent, à établir l'autorité de l'industrie et à stimuler la croissance à long terme.

Chapitre 5
Améliorer l'expérience client

E L'amélioration de l'expérience client est primordiale pour les petites entreprises afin d'établir des relations solides avec leurs clients, de les fidéliser et de générer une croissance durable. Une expérience client positive englobe toutes les interactions d'un client avec votre marque, du premier contact à l'assistance après l'achat. Dans ce chapitre, nous explorerons des stratégies pour améliorer l'expérience client en nous concentrant sur la personnalisation, un excellent service client, des expériences omnicanal fluides et l'amélioration continue.

Personnalisation

La personnalisation est essentielle pour créer une expérience client mémorable. Adaptez vos offres, communications et interactions pour répondre aux besoins et préférences uniques de chaque client. Utilisez les données et les informations sur les clients pour segmenter votre audience et proposer un contenu, des recommandations et des offres personnalisés. Adressez-vous aux clients par leur nom, fournissez des suggestions de produits pertinentes en fonction de leurs achats antérieurs ou de leur historique de navigation, et personnalisez les communications par e-mail. En faisant en sorte que les clients se sentent vus et compris, vous créez une expérience personnalisée qui favorise l'engagement et la fidélité.

Excellent service client

Fournir un excellent service client est essentiel pour améliorer l'expérience client globale. Formez votre équipe de service client pour qu'elle soit compétente, empathique et réactive. Offrez plusieurs canaux de contact aux clients, tels que le téléphone, les e-mails, le chat en direct ou les réseaux sociaux, et assurez-vous de recevoir des réponses rapides et utiles. Résolvez les problèmes et les plaintes des clients rapidement et efficacement, en allant au-delà de leurs attentes. Recherchez de manière proactive les commentaires et écoutez les préoccupations des clients pour améliorer continuellement votre service. Un service client exceptionnel renforce la confiance, améliore la réputation de la marque et encourage la fidélité des clients.

Expériences omnicanal fluides

Dans le paysage numérique actuel, les clients s'attendent à une expérience transparente et cohérente sur différents canaux et points de contact. Assurez une expérience omnicanale transparente en intégrant vos canaux en ligne et hors ligne. Fournissez une image de marque, une messagerie et une expérience utilisateur cohérentes sur votre site Web, vos profils de médias sociaux, vos magasins physiques (le cas échéant), vos applications mobiles et d'autres points de contact avec les clients. Permettez aux clients de commencer leur parcours sur un canal et de passer facilement à un autre sans perdre d'informations ni rencontrer de frictions. En offrant une expérience cohérente et connectée, vous permettez aux clients d'interagir plus facilement avec votre marque et d'effectuer des achats.

Amélioration continue

L'amélioration continue est essentielle pour offrir une expérience client exceptionnelle. Recueillez régulièrement les commentaires des clients par le biais d'enquêtes, d'évaluations et de la surveillance des médias sociaux. Analysez les commentaires pour identifier les domaines à améliorer et hiérarchiser les améliorations en fonction des informations des clients. Écoutez activement les besoins et les attentes des clients et ajustez vos produits, services et processus en conséquence. Investissez dans la formation et le développement des employés pour vous assurer qu'ils possèdent les compétences et les connaissances nécessaires pour offrir une expérience client exceptionnelle. En vous améliorant et en évoluant continuellement, vous montrez à vos clients que vous appréciez leurs commentaires et que vous vous engagez à les satisfaire.

Anticiper les besoins des clients

Une façon d'offrir une expérience client exceptionnelle consiste à anticiper les besoins des clients. Comprenez les points faibles, les défis et les désirs de vos clients, et traitez-les de manière proactive. Anticipez leurs besoins en proposant des recommandations de produits pertinentes, en proposant des options de libre-service ou en fournissant des informations et des mises à jour en temps opportun. Tirez parti des données et des analyses pour mieux comprendre le comportement et les préférences des clients, ce qui vous permet de personnaliser les interactions et d'adapter les offres. En étant proactif et en anticipant les besoins des clients, vous démontrez que vous appréciez leur temps et que vous vous engagez à rendre leur expérience aussi transparente que possible.

Créer des communautés de clients

La création de communautés de clients favorise un sentiment d'appartenance et d'engagement, améliorant ainsi l'expérience client. Créez des forums en ligne, des groupes de médias sociaux ou des programmes de fidélité qui rassemblent les clients pour partager leurs expériences, poser des questions et fournir une assistance.

Encouragez les clients à partager leurs histoires et témoignages, en favorisant un sentiment de communauté et de plaidoyer. Interagissez avec les clients de ces communautés, répondez à leurs questions et facilitez les discussions. En créant des communautés de clients, vous créez un espace où les clients se sentent connectés à votre marque et peuvent établir des relations avec d'autres clients.

Points clés à retenir

- Personnalisez l'expérience client en fonction des préférences et des comportements individuels.
- Fournir un excellent service client grâce à un support compétent et réactif.
- Garantissez une expérience omnicanale transparente sur les canaux en ligne et hors ligne.
- Améliorez-vous continuellement en recueillant les commentaires des clients et en agissant en conséquence.
- Anticiper les besoins des clients et y répondre de manière proactive.
- Construire des communautés de clients pour favoriser l'engagement et le plaidoyer.

En améliorant l'expérience client, les petites entreprises peuvent se différencier, établir de solides relations avec leurs clients et assurer leur succès à long terme. La personnalisation, un excellent service client, des expériences omnicanales transparentes, l'amélioration continue, l'anticipation des besoins des clients et la création de communautés de clients sont des stratégies clés pour créer une expérience client positive et mémorable. En accordant la priorité à la satisfaction et au plaisir des clients, les entreprises peuvent acquérir un avantage concurrentiel et favoriser la fidélité des clients sur le marché concurrentiel d'aujourd'hui.

Comprendre le parcours client

Comprendre le parcours client est crucial pour les petites entreprises afin d'offrir une expérience client transparente et personnalisée. Le parcours client fait référence à la série d'interactions et de points de contact qu'un client traverse lorsqu'il s'engage avec votre marque, de la phase de sensibilisation initiale à l'assistance post-achat. En cartographiant et en comprenant le parcours client, les entreprises peuvent identifier les points faibles, les opportunités d'amélioration et les moments pour offrir des expériences exceptionnelles. Dans cette section, nous explorerons l'importance de comprendre le parcours client et les stratégies pour le cartographier et l'optimiser.

Pourquoi comprendre le parcours client est important

Comprendre le parcours client est essentiel car il permet aux entreprises de mieux comprendre comment les clients interagissent avec leur marque à chaque étape du processus d'achat. En comprenant les besoins, les motivations et les comportements des clients à différents points de contact, les entreprises peuvent adapter leurs stratégies pour répondre efficacement à ces besoins. Il aide à identifier les points faibles, les goulots d'étranglement ou les zones de confusion susceptibles d'entraver la progression du client tout au long du parcours. Grâce à ces connaissances, les entreprises peuvent prendre des décisions éclairées, optimiser l'expérience client et favoriser la satisfaction et la fidélité des clients.

Cartographier le parcours client

Pour comprendre le parcours client, les entreprises doivent cartographier les différentes étapes et points de contact rencontrés par un client. Le parcours client se compose généralement des étapes suivantes :

Conscience

Le client prend connaissance de votre marque par différents canaux tels que la publicité, le bouche-à-oreille ou les recherches en ligne.

Considération

Le client recherche et évalue activement vos produits ou services, les compare à des alternatives et cherche plus d'informations.

Décision

Le client prend une décision d'achat et choisit votre marque par rapport à vos concurrents.

Après l'achat

Après l'achat, le client expérimente l'intégration, le support et l'engagement avec votre marque, ce qui peut avoir un impact sur sa fidélité et sa défense.

À chaque étape, il existe plusieurs points de contact où les clients interagissent avec votre marque, tels que les visites de sites Web, l'engagement sur les réseaux sociaux, les interactions avec le support client et les communications par e-mail. La cartographie du parcours client permet de visualiser le parcours du client, de comprendre ses émotions et d'identifier les points faibles ou les opportunités d'amélioration à chaque point de contact.

Comprendre les besoins et les attentes des clients

Pour offrir une expérience client personnalisée et exceptionnelle, il est crucial de comprendre les besoins et les attentes des clients à chaque étape du parcours. Cela nécessite de recueillir les commentaires des clients, de mener des enquêtes, d'analyser les interactions avec le support client et de surveiller les conversations sur les réseaux sociaux. En écoutant activement les clients et en comprenant leurs besoins, les entreprises peuvent aligner leurs stratégies, leur contenu et leurs messages pour mieux répondre à ces besoins. Comprendre les attentes des clients permet aux entreprises de les dépasser, favorisant ainsi la satisfaction et la fidélité des clients.

Optimiser le parcours client

Une fois que le parcours client est cartographié et que les besoins des clients sont compris, les entreprises peuvent optimiser l'expérience client en s'attaquant aux points faibles et en améliorant les interactions positives. Voici quelques stratégies à considérer :

Connectez de manière transparente les points de contact

Garantissez une expérience cohérente et cohérente sur tous les points de contact. Connectez les canaux en ligne et hors ligne, offrez une image de marque et des messages cohérents et facilitez les transitions entre les points de contact sans perdre d'informations.

Personnalisez l'expérience

Adaptez l'expérience client aux préférences et aux besoins de chacun. Exploitez les données des clients pour proposer des recommandations, des offres et des communications personnalisées. Utilisez des techniques d'automatisation et de segmentation pour fournir un contenu ciblé et pertinent à chaque étape du parcours.

Fournir des informations claires et pertinentes

Anticipez les questions des clients et fournissez des informations claires et concises à chaque point de contact. Rendez les détails des produits, les prix et les politiques facilement accessibles sur votre site Web. Utilisez des messages clairs et convaincants pour guider les clients tout au long du processus de prise de décision.

Rationalisez le processus d'achat

Simplifiez le processus d'achat en supprimant les étapes ou les obstacles inutiles. Optimisez la navigation sur le site Web, minimisez les champs de formulaire et offrez des options de paiement aux invités. Fournissez des informations transparentes sur les prix et l'expédition pour renforcer la confiance dans le processus d'achat.

Assistance et engagement proactifs :

Fournir un soutien et un engagement proactifs tout au long du parcours client. Offrez un chat en direct, des options de libre-service et un accès facile aux canaux de support client. Faire un suivi auprès des clients après l'achat pour assurer la satisfaction et recueillir des commentaires pour une amélioration continue.

Mesurer et itérer

Mesurer et analyser en continu le parcours client pour identifier les axes d'amélioration. Surveillez les mesures clés telles que les taux de conversion, les scores de satisfaction client et la fidélisation de la clientèle. Utilisez des informations basées sur les données pour affiner vos stratégies et optimiser l'expérience client.

Comprendre le parcours client est crucial pour offrir une expérience client transparente et personnalisée. En cartographiant le parcours, en comprenant les besoins et les attentes des clients et en optimisant les points de contact, les petites entreprises peuvent stimuler la satisfaction, la fidélité et la défense des clients. Le parcours client fournit des informations précieuses sur les comportements des clients, les points faibles et les opportunités d'amélioration, permettant aux entreprises d'améliorer l'expérience client globale et d'acquérir un avantage concurrentiel sur le marché.

Personnaliser les interactions avec les clients

La personnalisation des interactions avec les clients est une stratégie clé pour les petites entreprises afin d'offrir des expériences personnalisées et engageantes qui résonnent avec les clients individuels. La personnalisation va au-delà de s'adresser aux clients par leur nom ; cela implique de comprendre leurs préférences, leurs besoins et leurs comportements pour créer des interactions et des offres personnalisées. Dans cette section, nous explorerons l'importance de personnaliser les interactions avec les clients et les stratégies pour mettre en œuvre des techniques de personnalisation efficaces.

L'importance de la personnalisation

La personnalisation est essentielle car elle permet aux entreprises de créer des liens significatifs avec leurs clients. Aujourd'hui, les clients attendent des expériences personnalisées qui répondent à leurs besoins et intérêts spécifiques. En personnalisant les interactions, les entreprises peuvent améliorer la satisfaction client, favoriser la fidélité et stimuler les achats répétés. La personnalisation aide également à différencier une marque de ses concurrents et crée une perception positive de l'entreprise. Lorsque les clients se sentent compris et valorisés, ils sont plus susceptibles de s'engager avec la marque et de devenir des défenseurs.

Comprendre les données client

Pour personnaliser les interactions avec les clients, les entreprises doivent collecter et exploiter efficacement les données clients. Les données des clients peuvent être collectées via divers canaux, tels que l'analyse de sites Web, les enquêtes auprès des clients, les interactions sur les réseaux sociaux et les historiques d'achat. Ces données fournissent des informations précieuses sur les préférences, les comportements et les habitudes d'achat des clients. En analysant ces données, les entreprises peuvent identifier les tendances et les modèles qui leur permettent de segmenter les clients et de proposer des expériences personnalisées en fonction de leurs caractéristiques uniques.

Segmentation et ciblage

La segmentation est le processus de catégorisation des clients en groupes distincts en fonction de caractéristiques communes, telles que la démographie, l'historique des achats, les préférences ou les comportements. En segmentant les clients, les entreprises peuvent adapter leurs messages marketing, leurs offres et leurs interactions pour s'aligner sur les besoins et les préférences spécifiques de chaque segment. Cette approche ciblée augmente la pertinence et l'efficacité des interactions avec les clients. Il permet aux entreprises de fournir des recommandations, des offres et du contenu personnalisés qui résonnent avec chaque segment de clientèle.

Contenu personnalisé et recommandations

Fournir un contenu personnalisé est un moyen efficace d'engager les clients et d'améliorer leur expérience. Adaptez le contenu de votre site Web, vos articles de blog, vos e-mails et vos communications sur les réseaux sociaux pour répondre aux intérêts et aux besoins de segments de clientèle spécifiques. Utilisez un contenu dynamique qui s'adapte aux préférences et aux comportements de chacun. Fournissez des recommandations de produits personnalisées en fonction des achats précédents, de l'historique de navigation ou de préférences similaires des clients. En présentant un contenu et des recommandations pertinents, les entreprises peuvent guider les clients tout au long de leur parcours et augmenter la probabilité de conversions.

Automatisation et personnalisation des e-mails

Les outils d'automatisation et la personnalisation des e-mails permettent aux entreprises de fournir des messages ciblés et opportuns aux clients. Utilisez les plateformes d'automatisation du marketing pour déclencher des communications personnalisées basées sur des actions ou des comportements spécifiques des clients. Envoyez des e-mails automatisés avec des objets, du contenu et des offres personnalisés. Utilisez les données client pour personnaliser les messages d'accueil, les recommandations et les messages de suivi par e-mail. L'automatisation et la personnalisation des e-mails permettent aux entreprises d'étendre leurs efforts de personnalisation tout en offrant des expériences personnalisées.

Personnalisation omnicanale

La personnalisation des interactions avec les clients sur différents canaux est essentielle pour une expérience transparente et cohérente. Assurez-vous que les données et les préférences des clients sont synchronisées sur tous les canaux pour offrir un parcours cohérent et personnalisé. Utilisez les données client pour diffuser des messages et des offres cohérents sur votre site Web, votre application mobile, vos réseaux sociaux et vos magasins physiques (le cas échéant). Conservez une vue unifiée de chaque client pour fournir des expériences pertinentes et cohérentes quel que soit le point de contact.

Rétroaction et amélioration continue

La collecte des commentaires des clients est cruciale pour affiner les efforts de personnalisation. Encouragez les clients à donner leur avis par le biais d'enquêtes, d'avis ou d'interactions sur les réseaux sociaux. Écouter les suggestions et les préoccupations des clients pour identifier les domaines à améliorer et optimiser les stratégies de personnalisation. Itérez et affinez en permanence vos tactiques de personnalisation en fonction des commentaires des clients et de l'évolution des préférences. En intégrant activement les commentaires des clients, les entreprises peuvent adapter leurs efforts de personnalisation pour mieux répondre aux besoins des clients.

La personnalisation des interactions avec les clients est une stratégie puissante pour les petites entreprises afin de créer des expériences attrayantes et de fidéliser la clientèle. En comprenant les données client, en segmentant les clients, en fournissant un contenu et des recommandations personnalisés, en utilisant l'automatisation et la personnalisation des e-mails, en garantissant la cohérence omnicanale et en recueillant en permanence des commentaires, les entreprises peuvent proposer des expériences personnalisées qui résonnent avec leurs clients. La personnalisation améliore la satisfaction client, stimule la fidélité et positionne les entreprises comme des marques de confiance et centrées sur le client sur le marché concurrentiel d'aujourd'hui.

Mettre en œuvre des systèmes efficaces de rétroaction des clients

La mise en œuvre de systèmes efficaces de rétroaction des clients est cruciale pour les petites entreprises afin de comprendre la satisfaction des clients, d'identifier les domaines à améliorer et d'améliorer l'expérience client globale. La collecte des commentaires des clients fournit des informations précieuses qui peuvent guider les décisions commerciales et conduire à des améliorations centrées sur le client. Dans cette section, nous explorerons l'importance des commentaires des clients, les stratégies de mise en œuvre de systèmes de rétroaction efficaces et la manière d'utiliser les commentaires pour favoriser l'amélioration continue.

L'importance des commentaires des clients

Les commentaires des clients sont essentiels car ils fournissent aux entreprises des informations directes sur la satisfaction, les préférences et les points faibles des clients. En recherchant activement des commentaires, les entreprises peuvent comprendre comment les clients perçoivent leurs produits, services et interactions. Les commentaires des clients aident à identifier les points forts et les points à améliorer. Il permet également aux entreprises de répondre rapidement à toute préoccupation ou problème, favorisant ainsi la fidélisation de la clientèle, l'amélioration de la fidélisation de la clientèle et la croissance de l'entreprise.

Mettre en place un système de rétroaction efficace

Pour mettre en place un système de feedback client efficace, les entreprises doivent envisager les stratégies suivantes :

Choisissez les bons canaux de rétroaction

Déterminez les canaux de rétroaction les plus appropriés pour votre entreprise. Cela peut inclure des méthodes telles que des sondages, des commentaires par e-mail, la surveillance des médias sociaux, des entretiens en personne ou des formulaires de commentaires sur votre site Web. Tenez compte des préférences de votre public cible et assurez-vous que les canaux choisis correspondent à leurs habitudes de communication.

Calendrier et fréquence

Déterminez le moment et la fréquence appropriés pour recueillir les commentaires. Tenez compte du parcours client et identifiez les points de contact clés où les commentaires sont les plus pertinents et précieux. Fournissez des opportunités de commentaires immédiatement après les interactions avec les clients, comme après un achat ou une interaction avec le support client. En outre, envisagez des sondages périodiques ou des demandes de commentaires pour recueillir la satisfaction globale et les informations en cours.

Gardez les sondages concis et pertinents

Lorsque vous utilisez des sondages, soyez concis et concentrez-vous sur l'obtention des informations les plus pertinentes. Les clients sont plus susceptibles de fournir des commentaires si le processus est rapide et simple. Posez des questions spécifiques qui traitent des aspects clés de l'expérience client, tels que la qualité des produits, le service client, la facilité d'utilisation ou la navigation sur le site Web.

Utiliser plusieurs méthodes de rétroaction

Utilisez une combinaison de méthodes de rétroaction qualitatives et quantitatives pour acquérir une compréhension complète du sentiment des clients. Les méthodes qualitatives, telles que les entretiens ou les questions d'enquête ouvertes, fournissent des informations détaillées et permettent aux clients d'exprimer leurs opinions dans leurs propres mots. Les méthodes quantitatives, telles que les échelles de notation ou les enquêtes Net Promoter Score (NPS), offrent des données numériques pour suivre les tendances et mesurer la satisfaction globale.

Encouragez les commentaires honnêtes et constructifs

Créez une culture qui encourage les clients à fournir des commentaires honnêtes et constructifs. Assurez les clients que leurs opinions sont appréciées et seront utilisées pour apporter des améliorations. Évitez d'être sur la défensive ou de rejeter les commentaires négatifs. Au lieu de cela, considérez-le comme une opportunité d'apprendre et de grandir.

Écoutez activement et répondez

Écoutez activement les commentaires des clients et répondez rapidement et de manière appropriée. Reconnaissez et appréciez les clients qui prennent le temps de fournir des commentaires. Répondre aux préoccupations ou aux problèmes soulevés par les clients, en fournissant des solutions ou des explications si nécessaire. Engagez un dialogue avec les clients pour démontrer que leurs commentaires sont pris au sérieux et mis en œuvre.

Utiliser les commentaires pour une amélioration continue

La collecte des commentaires des clients n'est utile que si elle est utilisée efficacement pour favoriser l'amélioration continue. Voici quelques stratégies pour utiliser les commentaires :

Analyser et identifier les modèles

Analysez les données de rétroaction pour identifier les modèles, les tendances et les thèmes communs. Recherchez les problèmes récurrents ou les suggestions qui peuvent guider les initiatives d'amélioration. Catégorisez les commentaires dans des domaines exploitables tels que les améliorations de produits, la formation du service client ou les améliorations de la convivialité du site Web.

Prioriser les opportunités d'amélioration

Prioriser les opportunités d'amélioration en fonction de l'impact qu'elles auront sur l'expérience client et l'entreprise. Concentrez-vous sur la résolution des problèmes qui ont le plus d'impact sur la satisfaction des clients ou ceux qui correspondent aux objectifs stratégiques de l'entreprise.

Agir et communiquer

Mettre en œuvre des changements ou des initiatives en fonction des commentaires reçus. Communiquez ces changements aux clients pour montrer que leurs commentaires ont été entendus et pris en compte. Le cas échéant, partagez des mises à jour sur les améliorations apportées à la suite de leurs commentaires.

Surveiller les progrès et réévaluer

Surveiller en permanence l'impact des changements mis en œuvre et évaluer leur efficacité. Recueillez des commentaires supplémentaires pour déterminer si les améliorations ont eu un impact positif sur l'expérience client. Ajustez les stratégies et les initiatives selon les besoins en fonction des commentaires continus des clients et de l'évolution des objectifs commerciaux.

La mise en œuvre de systèmes efficaces de rétroaction des clients est cruciale pour les petites entreprises afin de recueillir des informations, d'améliorer l'expérience client et de favoriser une amélioration continue. En choisissant les bons canaux de rétroaction, en maintenant des sondages concis et pertinents, en écoutant et en répondant activement aux commentaires des clients et en utilisant les commentaires pour une amélioration continue, les entreprises peuvent favoriser la fidélité des clients, stimuler la satisfaction et, finalement, atteindre un succès à long terme. Mettre l'accent sur l'importance des commentaires des clients crée une culture centrée sur le client et permet aux entreprises d'améliorer en permanence leurs offres et leurs expériences en fonction des besoins et des préférences de leurs clients.

CHAPITRE 6
Rationalisation des opérations et des processus

S La rationalisation des opérations et des processus est essentielle pour les petites entreprises afin d'améliorer leur efficacité, de réduire leurs coûts et d'améliorer leur productivité globale. En optimisant les flux de travail, en éliminant les redondances et en automatisant les tâches, les entreprises peuvent concentrer leurs ressources sur des activités à valeur ajoutée et offrir de meilleures expériences client. Dans ce chapitre, nous explorerons des stratégies de rationalisation des opérations et des processus pour atteindre l'excellence opérationnelle.

Évaluer les opérations en cours

Commencez par évaluer vos opérations actuelles pour identifier les domaines à améliorer. Effectuez une analyse approfondie de vos processus, workflows et systèmes. Identifiez les goulots d'étranglement, les redondances et les inefficacités qui entravent la productivité. Sollicitez les commentaires des employés et des parties prenantes pour obtenir des informations sur les points faibles et les domaines à améliorer. Cette évaluation jette les bases de la rationalisation des opérations.

Standardiser les processus

La standardisation des processus aide à créer de la cohérence, à réduire les erreurs et à améliorer l'efficacité globale. Documentez et définissez des procédures opérationnelles standard (SOP) pour les processus clés de votre entreprise. Décrivez clairement les instructions étape par étape, les rôles et responsabilités et les résultats attendus. Assurez-vous que les employés sont formés sur ces SOP et ont accès à une documentation de processus à jour. La standardisation permet des opérations plus fluides, réduit le temps de formation des nouveaux employés et facilite l'amélioration des processus.

Automatisez les tâches répétitives

Identifiez les tâches répétitives et chronophages qui peuvent être automatisées grâce à la technologie. Mettre en œuvre des outils et des logiciels d'automatisation pour rationaliser ces processus. Par exemple, utilisez des systèmes de gestion de la relation client (CRM) pour automatiser la gestion des prospects et la communication avec les clients. Mettre en œuvre un logiciel de comptabilité pour les processus financiers automatisés. L'automatisation élimine les erreurs manuelles, améliore la précision et permet aux employés de se concentrer sur des activités plus stratégiques et à valeur ajoutée.

Mettre en œuvre les principes Lean

L'adoption de principes Lean peut considérablement rationaliser les opérations. La méthodologie Lean se concentre sur la minimisation des déchets et l'optimisation des processus. Identifiez et éliminez les activités sans valeur ajoutée, telles que la paperasserie inutile, les stocks excessifs ou les approbations redondantes. Mettre en œuvre des techniques de management visuel pour améliorer la visibilité et la communication. Rationalisez le flux de travail en mettant en œuvre une approche « juste à temps » pour l'inventaire et la production. Les principes Lean aident à créer une culture d'amélioration continue et d'efficacité.

Adoptez la technologie

Tirez parti des solutions technologiques pour rationaliser les opérations et améliorer la productivité. Implémentez un logiciel de gestion de projet pour suivre les tâches, les délais et l'avancement du projet. Utilisez des outils de collaboration basés sur le cloud pour améliorer la communication et le partage de documents entre les membres de l'équipe. Explorez les systèmes de planification des ressources d'entreprise (ERP) pour intégrer diverses fonctions telles que la gestion des stocks, les ventes et la comptabilité. Les solutions technologiques automatisent les processus, centralisent les données et améliorent la collaboration, ce qui permet de rationaliser les opérations.

Favoriser la collaboration interfonctionnelle

Éliminez les silos et encouragez la collaboration interfonctionnelle au sein de votre organisation. Encouragez les employés de différents services à travailler ensemble, à partager des idées et à collaborer sur des projets. Favoriser une culture de communication ouverte et de partage des connaissances. La collaboration interfonctionnelle favorise l'efficacité, élimine la duplication des efforts et permet une meilleure prise de décision.

Surveillez et améliorez en permanence

La rationalisation des opérations est un processus continu. Surveillez en permanence les indicateurs de performance clés (KPI) pour mesurer l'efficacité des processus rationalisés. Recueillez régulièrement les commentaires des employés et des clients pour identifier les domaines qui nécessitent des améliorations supplémentaires. Mettre en œuvre un système de capture et de suivi des idées d'amélioration des processus. Encouragez les employés à faire des suggestions pour rationaliser les opérations et reconnaissez leurs contributions. La surveillance et l'amélioration continues garantissent que votre entreprise reste agile et adaptable à l'évolution des besoins.

La rationalisation des opérations et des processus est essentielle pour les petites entreprises afin d'atteindre l'excellence opérationnelle, d'améliorer l'efficacité et d'offrir une meilleure expérience client. En évaluant les opérations en cours, en normalisant les processus, en automatisant les tâches répétitives, en mettant en œuvre des principes allégés, en adoptant la technologie, en favorisant la collaboration interfonctionnelle et en surveillant et améliorant en permanence, les entreprises peuvent optimiser les flux de travail et améliorer la productivité. La rationalisation des opérations permet aux entreprises d'allouer efficacement les ressources, de réduire les coûts et de se concentrer sur la création de valeur pour les clients, ce qui, en fin de compte, stimule la croissance et le succès de l'entreprise.

Identifier les inefficacités et les goulots d'étranglement

L'identification des inefficacités et des goulots d'étranglement est une étape critique dans la rationalisation des opérations et l'amélioration de l'efficacité globale au sein d'une petite entreprise. Les inefficacités et les goulots d'étranglement font référence à des domaines ou à des processus où les ressources sont sous-utilisées, des retards se produisent ou la productivité est entravée. En identifiant et en résolvant ces problèmes, les entreprises peuvent optimiser les workflows, réduire les coûts et améliorer la productivité. Dans cette section, nous explorerons des stratégies pour identifier les inefficacités et les goulots d'étranglement au sein d'une petite entreprise.

Réaliser la cartographie des processus

La cartographie des processus consiste à représenter visuellement le flux d'activités au sein d'un processus spécifique. En cartographiant les processus, les entreprises peuvent identifier les zones d'inefficacité, les redondances ou les goulots d'étranglement. Commencez par sélectionner un processus essentiel à vos opérations, tel que l'exécution des commandes, la gestion des stocks ou le service client. Documentez chaque étape du processus, y compris les entrées, les sorties et les points de décision. Utilisez des organigrammes, des diagrammes ou un logiciel de cartographie des processus pour visualiser le processus et identifier les domaines qui causent des retards, de la confusion ou un gaspillage de ressources.

Recueillir les commentaires des employés

Les employés sont souvent la meilleure source d'informations sur les inefficacités et les goulots d'étranglement au sein d'une entreprise. Encouragez les employés à tous les niveaux à fournir des commentaires sur les processus et les flux de travail. Organisez des réunions ou des sondages réguliers pour recueillir leurs commentaires et suggestions d'amélioration. Les employés qui participent directement aux opérations quotidiennes peuvent identifier les domaines où les tâches sont dupliquées, les informations ne sont pas facilement disponibles ou des pannes de communication se produisent. Leurs commentaires peuvent aider à identifier des domaines spécifiques à améliorer et à rationaliser les opérations.

Analyser les indicateurs de performance clés (KPI)

Analysez les KPI liés à divers processus et flux de travail pour identifier les inefficacités et les goulots d'étranglement. Les KPI peuvent inclure des mesures telles que le temps de cycle, le temps d'attente des clients, les taux d'erreur ou l'utilisation des ressources.

Comparez les performances actuelles aux références de l'industrie ou aux objectifs internes pour identifier les lacunes ou les domaines à améliorer. Identifiez les processus ou les étapes qui prennent constamment du retard ou entraînent des retards, car il s'agit de goulots d'étranglement potentiels. En analysant les KPI, les entreprises peuvent découvrir des domaines où des améliorations peuvent être apportées pour améliorer l'efficacité.

Examiner les commentaires et les plaintes des clients

Les commentaires et les plaintes des clients peuvent fournir des informations précieuses sur les domaines d'inefficacité au sein d'une entreprise. Analysez les commentaires et les plaintes pour identifier les problèmes récurrents ou les modèles qui indiquent des inefficacités. Recherchez les plaintes courantes liées aux retards dans l'exécution des commandes, aux temps de réponse du support client ou à la qualité des produits. Utilisez les commentaires des clients comme source d'amélioration continue et comme moyen d'identifier les domaines où des goulots d'étranglement peuvent se produire. Répondre aux préoccupations des clients peut non seulement améliorer la satisfaction des clients, mais également aider à rationaliser les opérations.

Collaborer avec des équipes interfonctionnelles

Les inefficacités et les goulots d'étranglement se produisent souvent aux interfaces entre les différents départements ou fonctions au sein d'une entreprise. La collaboration entre les équipes interfonctionnelles peut aider à identifier ces zones de friction et à trouver des solutions. Encouragez la collaboration et la communication ouverte entre les équipes pour partager des idées, des perspectives et des défis. Les équipes interfonctionnelles peuvent fournir une vue globale des processus métier et identifier les transferts ou les dépendances qui entraînent des retards ou des inefficacités.

Utiliser l'automatisation des processus et la technologie

Tirez parti de la technologie et des outils d'automatisation des processus pour identifier et rationaliser les processus inefficaces. L'automatisation peut éliminer les tâches manuelles chronophages et minimiser les erreurs humaines. Mettez en œuvre des systèmes et des logiciels qui automatisent les tâches répétitives, rationalisent la saisie de données ou facilitent la collaboration en temps réel. Cela permet aux employés de se concentrer sur les activités à valeur ajoutée et réduit le risque de goulots d'étranglement causés par des processus manuels ou des erreurs de saisie de données.

Surveillez les workflows en temps réel

Mettez en œuvre une surveillance en temps réel des flux de travail et des processus pour identifier les goulots d'étranglement au fur et à mesure qu'ils surviennent. Utilisez un logiciel de gestion de projet ou des outils de suivi des flux de travail pour surveiller l'avancement des tâches et identifier les domaines dans lesquels le travail est retardé ou s'accumule. La surveillance en temps réel permet aux entreprises de résoudre de manière proactive les goulots d'étranglement et d'effectuer les ajustements nécessaires pour optimiser les flux de travail.

Effectuer des audits de processus réguliers

Planifiez des audits de processus réguliers pour examiner et identifier les inefficacités dans différents domaines de l'entreprise. Un audit peut impliquer l'examen de processus documentés, la conduite d'observations et l'entretien d'employés. Recherchez les domaines où le travail est dupliqué, des étapes inutiles sont présentes ou des pratiques obsolètes sont toujours suivies. En auditant régulièrement les processus, les entreprises peuvent identifier les inefficacités, mettre à jour les procédures et favoriser l'amélioration continue.

L'identification des inefficacités et des goulots d'étranglement est une étape cruciale dans la rationalisation des opérations et l'amélioration de l'efficacité globale au sein d'une petite entreprise. En effectuant une cartographie des processus, en recueillant les commentaires des employés, en analysant les KPI, en examinant les commentaires des clients, en collaborant avec des équipes interfonctionnelles, en tirant parti de la technologie et de l'automatisation, en surveillant les flux de travail en temps réel et en effectuant des audits de processus réguliers, les entreprises peuvent découvrir les domaines à améliorer et mettre en œuvre des solutions ciblées. . La résolution des inefficacités et des goulots d'étranglement permet aux entreprises d'optimiser les flux de travail, de réduire les coûts et d'améliorer la productivité, ce qui améliore les performances opérationnelles et la satisfaction des clients.

Automatisation des tâches répétitives

L'automatisation des tâches répétitives est une stratégie cruciale pour les petites entreprises afin d'améliorer leur efficacité, de réduire les erreurs et de libérer du temps pour que les employés se concentrent sur des activités à plus forte valeur ajoutée. En tirant parti de la technologie et des outils d'automatisation, les entreprises peuvent rationaliser les flux de travail, améliorer la productivité et atteindre l'excellence opérationnelle. Dans cette section, nous explorerons l'importance de l'automatisation des tâches répétitives et des stratégies pour mettre en œuvre efficacement l'automatisation au sein d'une petite entreprise.

L'importance de l'automatisation des tâches répétitives

L'automatisation des tâches répétitives offre plusieurs avantages aux petites entreprises

Gain de temps

L'automatisation élimine le besoin d'exécution manuelle de tâches répétitives, ce qui fait gagner un temps précieux aux employés. Ce temps peut être redirigé vers des initiatives stratégiques, le service client ou d'autres tâches nécessitant une expertise humaine.

Efficacité accrue

Les tâches automatisées sont exécutées de manière cohérente et avec un minimum d'erreurs, ce qui améliore l'efficacité. En éliminant l'erreur humaine et la variabilité, les entreprises peuvent garantir des processus précis et rationalisés.

Réduction des coûts

L'automatisation réduit le besoin de travail manuel, ce qui entraîne des économies de coûts au fil du temps. Grâce aux processus automatisés, les entreprises peuvent accomplir davantage avec moins de ressources, ce qui réduit les coûts opérationnels.

Productivité améliorée

En automatisant les tâches répétitives, les employés peuvent se concentrer sur les tâches qui nécessitent une réflexion critique, de la créativité et la résolution de problèmes. Cela améliore la productivité globale et la satisfaction au travail.

Précision et cohérence améliorées

Les tâches automatisées suivent des règles et des directives prédéfinies, réduisant la probabilité d'erreurs et garantissant une sortie cohérente. Cela conduit à une meilleure précision des données et à la satisfaction des clients.

Stratégies d'automatisation des tâches répétitives : identifier les tâches répétitives

Commencez par identifier les tâches qui sont répétitives, chronophages et ne nécessitent pas de prise de décision ou de jugement humain. Ces tâches peuvent inclure la saisie de données, la génération de rapports, le traitement des factures, la gestion des stocks ou les réponses par e-mail.

Évaluer les outils d'automatisation

Recherchez et évaluez les outils d'automatisation qui correspondent aux besoins de votre entreprise. Recherchez des solutions logicielles, des plateformes basées sur le cloud ou des outils de gestion de flux de travail qui offrent des capacités d'automatisation. Tenez compte de facteurs tels que la facilité d'utilisation, l'évolutivité, les capacités d'intégration et la rentabilité.

Mettre en œuvre l'automatisation du flux de travail

Commencez par des tâches simples qui ont des règles bien définies et des entrées et sorties claires. Automatisez les processus en configurant des outils d'automatisation des flux de travail pour effectuer automatiquement des tâches en fonction de déclencheurs ou de conditions prédéfinies. Par exemple, vous pouvez automatiser le processus d'envoi des confirmations de commande aux clients après un achat effectué sur votre site Web.

Systèmes intégrés

Rationalisez les opérations en intégrant divers systèmes et applications. Cela permet aux données de circuler de manière transparente entre différents outils logiciels, éliminant ainsi le besoin de saisie manuelle des données ou d'efforts en double. L'intégration peut être réalisée via des interfaces de programmation d'applications

(API) ou en tirant parti des intégrations prédéfinies proposées par les fournisseurs de logiciels.

Tirez parti de l'automatisation des processus robotiques (RPA)

Robotic Process Automation (RPA) est l'utilisation de robots logiciels pour automatiser des tâches répétitives en imitant les actions humaines. La RPA peut être utilisée pour automatiser des tâches telles que l'extraction de données, le remplissage de formulaires, la validation de données ou l'intégration de systèmes. La mise en œuvre de la RPA peut entraîner des gains de temps importants et une efficacité accrue.

Former les employés et assurer l'adhésion

Fournir une formation et un soutien aux employés pour assurer une transition en douceur vers les processus automatisés. Soulignez les avantages de l'automatisation et expliquez comment elle améliorera leur expérience de travail. Encouragez les employés à fournir des commentaires et des suggestions pour améliorer davantage les processus.

Surveiller et optimiser en continu

Surveillez régulièrement les processus automatisés pour vous assurer qu'ils fonctionnent comme prévu. Gardez une trace des métriques de performance telles que le temps d'achèvement des tâches, les taux d'erreur ou l'utilisation des ressources. Analysez les données pour identifier les domaines à optimiser et à améliorer.

Adoptez des solutions basées sur le cloud

Envisagez d'adopter des solutions basées sur le cloud pour l'automatisation, car elles offrent évolutivité, flexibilité et accessibilité à distance. Les outils d'automatisation basés sur le cloud permettent aux entreprises d'accéder à leurs processus automatisés et de les gérer de n'importe où, facilitant ainsi la collaboration et le travail à distance.

L'automatisation des tâches répétitives est une stratégie précieuse pour les petites entreprises afin d'améliorer l'efficacité, de réduire les erreurs et d'améliorer la productivité. En identifiant les tâches répétitives, en évaluant les outils d'automatisation, en mettant en œuvre l'automatisation des flux de travail, en intégrant des systèmes, en tirant parti de la RPA, en formant les employés et en surveillant et en optimisant en permanence les processus, les entreprises peuvent rationaliser les opérations et libérer du temps et des ressources précieux. L'automatisation permet aux employés de se concentrer sur des activités à plus forte valeur ajoutée, améliore la précision et la cohérence et, en fin de compte, stimule la croissance et le succès de l'entreprise. Adopter l'automatisation est un investissement dans l'avenir de l'entreprise, lui permettant de rester compétitive, efficace et centrée sur le client dans un paysage commercial en évolution.

Mise en œuvre de systèmes évolutifs

La mise en œuvre de systèmes évolutifs est cruciale pour les petites entreprises afin de s'adapter à la croissance, de gérer des charges de travail accrues et de maintenir l'efficacité opérationnelle. L'évolutivité fait référence à la capacité d'un système à s'adapter et à gérer des volumes de travail plus importants sans sacrifier les performances ni entraîner de coûts supplémentaires importants. En mettant en œuvre des systèmes évolutifs, les entreprises peuvent répondre aux demandes d'une clientèle croissante, saisir de nouvelles opportunités et réussir à long terme. Dans cette section, nous explorerons l'importance de mettre en œuvre des systèmes et des stratégies évolutifs pour faire évoluer efficacement les opérations au sein d'une petite entreprise.

L'importance de la mise en œuvre de systèmes évolutifs

La mise en œuvre de systèmes évolutifs offre plusieurs avantages pour les petites entreprises :

S'adapter à la croissance

Les systèmes évolutifs permettent aux entreprises de gérer des charges de travail accrues à mesure que la clientèle se développe ou que la demande de produits ou de services augmente. Cela permet aux entreprises de saisir les opportunités de croissance sans être limitées par leur infrastructure existante ou leur capacité opérationnelle.

Maintenir les performances

Les systèmes évolutifs garantissent que les performances et l'efficacité sont maintenues même lorsque la charge de travail augmente. En adaptant les ressources et les processus, les entreprises peuvent répondre aux attentes des clients, fournir des services en temps opportun et maintenir la satisfaction des clients.

S'adapter à l'évolution des besoins

Les systèmes évolutifs offrent la flexibilité nécessaire pour s'adapter aux conditions changeantes du marché, aux tendances émergentes ou aux changements dans les préférences des clients. Les entreprises peuvent rapidement ajuster leurs opérations et leurs ressources pour s'adapter à l'évolution des demandes, garantissant ainsi une pertinence et une compétitivité continues.

Optimiser l'utilisation des ressources

Les systèmes évolutifs optimisent l'utilisation des ressources en allouant les ressources en fonction de la demande réelle. Cela évite le surprovisionnement ou la sous-utilisation des ressources, ce qui entraîne des économies de coûts et une meilleure efficacité opérationnelle.

Améliorer l'agilité

Les systèmes évolutifs permettent aux entreprises de répondre rapidement aux opportunités ou aux défis du marché. Ils offrent l'agilité nécessaire pour augmenter ou réduire les ressources, lancer de nouveaux produits ou services et pénétrer de nouveaux marchés avec un minimum de perturbations.

Stratégies de mise en œuvre de systèmes évolutifs : évaluer les systèmes et l'infrastructure actuels

Commencez par évaluer vos systèmes, processus et infrastructure actuels pour identifier les goulots d'étranglement ou les limitations susceptibles d'entraver l'évolutivité. Identifiez les domaines où des contraintes de capacité existent ou où les processus manuels peuvent entraver la croissance. Cette évaluation jette les bases de la mise en œuvre de solutions évolutives.

Adoptez le cloud computing

Le cloud computing offre une évolutivité en fournissant un accès à la demande aux ressources informatiques, telles que le stockage, la puissance de traitement et les applications logicielles. Migrez vos systèmes et applications vers des plates-formes basées sur le cloud qui peuvent faire évoluer dynamiquement les ressources en fonction de la demande. Les solutions cloud permettent aux entreprises de payer les ressources au fur et à mesure qu'elles les utilisent, offrant une évolutivité rentable.

Adoptez des architectures modulaires et flexibles

Concevez vos systèmes et votre infrastructure en gardant à l'esprit la modularité et la flexibilité. Décomposez les processus complexes en modules plus petits et indépendants qui peuvent être mis à l'échelle individuellement. Cela permet une évolutivité granulaire, où des composants spécifiques peuvent être ajustés selon les besoins sans affecter l'ensemble du système.

Tirer parti de la virtualisation

La technologie de virtualisation permet aux entreprises de découpler les applications logicielles du matériel sous-jacent, permettant une allocation et une utilisation efficaces des ressources. En virtualisant les serveurs, le stockage et les réseaux, les entreprises peuvent faire évoluer leur infrastructure facilement et à moindre coût. La virtualisation améliore également la fiabilité du système et facilite la reprise après sinistre.

Mettre en œuvre l'automatisation et l'orchestration

Les outils d'automatisation et d'orchestration rationalisent et automatisent les tâches de routine, réduisant les efforts manuels et augmentant l'efficacité opérationnelle. Mettez en œuvre l'automatisation des flux de travail, l'automatisation des processus robotiques (RPA) ou des outils de gestion de la configuration pour automatiser les processus répétitifs, provisionner les ressources et gérer les configurations système. L'automatisation permet aux entreprises de faire évoluer leurs opérations sans augmentation proportionnelle du travail manuel.

Utiliser des systèmes de base de données évolutifs

Utilisez des systèmes de base de données évolutifs capables de gérer des volumes de données et des charges de transactions croissants. Implémentez des bases de données relationnelles ou NoSQL qui offrent une évolutivité horizontale, permettant aux entreprises d'ajouter plus de serveurs ou de nœuds pour répondre aux besoins croissants en données. Les bases de données évolutives garantissent l'intégrité des données, une haute disponibilité et des performances optimales.

Planifier la redondance et le basculement

Mettre en œuvre des mécanismes de redondance et de basculement pour assurer la fiabilité du système et minimiser les temps d'arrêt. Utilisez des techniques d'équilibrage de charge, de clustering ou de réplication pour répartir les charges de travail sur plusieurs serveurs et garantir une haute disponibilité. La redondance garantit qu'en cas de défaillance d'un composant, des systèmes de sauvegarde sont en place pour maintenir les opérations.

Surveiller et optimiser régulièrement

Surveillez en permanence les performances de vos systèmes, de votre infrastructure et de vos applications. Collectez et analysez les mesures de performance pour identifier les domaines qui nécessitent une optimisation ou des ressources supplémentaires. Examinez et affinez régulièrement vos stratégies d'évolutivité en fonction de l'évolution des besoins de l'entreprise et des avancées technologiques.

La mise en œuvre de systèmes évolutifs est essentielle pour les petites entreprises afin de s'adapter à la croissance, de maintenir les performances, de s'adapter à l'évolution des besoins, d'optimiser l'utilisation des ressources et d'améliorer l'agilité. En évaluant les systèmes actuels, en adoptant le cloud computing, en adoptant des architectures modulaires, en tirant parti de la virtualisation, en mettant en œuvre l'automatisation et l'orchestration, en utilisant des systèmes de base de données évolutifs, en planifiant la redondance et en surveillant et en optimisant régulièrement, les entreprises peuvent jeter les bases d'opérations évolutives. Les systèmes évolutifs permettent aux entreprises de répondre à des demandes croissantes, de saisir des opportunités de croissance et de réussir à long terme dans un paysage commercial dynamique et concurrentiel.

Chapitre 7
Élargir votre portée sur le marché

L'expansion de la portée du marché est un objectif crucial pour les petites entreprises qui cherchent à se développer et à augmenter leur clientèle. En atteignant de nouveaux publics et en s'étendant sur de nouveaux marchés, les entreprises peuvent puiser dans des sources de revenus supplémentaires et réussir à long terme. Dans ce chapitre, nous explorerons des stratégies pour étendre la portée du marché et cibler efficacement de nouveaux clients.

Mener des études de marché

Avant d'étendre votre portée sur le marché, il est essentiel de mener une étude de marché approfondie. Identifiez les marchés cibles potentiels et évaluez leurs données démographiques, leurs préférences et leurs comportements d'achat. Analyser les tendances du marché, la concurrence et les opportunités de croissance. Cette recherche vous aidera à comprendre les besoins des nouveaux segments de clientèle et à adapter vos stratégies en conséquence.

Élaborer une stratégie d'expansion du marché

Élaborez une stratégie complète d'expansion du marché qui décrit vos objectifs, les marchés cibles et les tactiques que vous utiliserez pour atteindre de nouveaux clients. Identifiez les principaux canaux et plates-formes pour interagir efficacement avec votre public cible. Déterminez la proposition de valeur et les messages qui résonneront avec le nouveau marché. Votre stratégie doit tenir compte à la fois des canaux en ligne et hors ligne pour maximiser votre portée sur le marché.

Adaptez votre message marketing

Pour étendre efficacement votre portée sur le marché, adaptez votre message marketing pour attirer de nouveaux segments de clientèle. Tenez compte des différences culturelles, des préférences linguistiques et des besoins spécifiques du marché cible. Adaptez votre messagerie pour répondre à leurs points faibles, mettez en évidence la valeur unique que votre entreprise offre et soulignez comment vos produits ou services peuvent leur être bénéfiques.

Utiliser le marketing numérique

Les canaux de marketing numérique offrent des opportunités rentables et ciblées pour étendre votre portée sur le marché. Développez une forte présence en ligne grâce à l'optimisation des moteurs de recherche (SEO), au marketing des médias sociaux, au marketing de contenu et à la publicité payante. Utilisez les plateformes numériques pour interagir avec votre public cible, renforcer la notoriété de la marque et générer du trafic vers votre site Web ou votre magasin physique.

Tirez parti des médias sociaux

Les plateformes de médias sociaux offrent des outils puissants pour étendre la portée du marché. Identifiez les canaux de médias sociaux où votre public cible est le plus actif et créez un contenu engageant qui résonne avec eux. Utilisez des publicités ciblées et des collaborations avec des influenceurs pour atteindre de nouveaux publics. Interagissez avec vos abonnés, répondez aux commentaires et créez une communauté autour de votre marque.

Explorer les partenariats et les alliances

Collaborez avec des entreprises complémentaires ou des influenceurs de votre marché cible pour étendre votre portée sur le marché. Un partenariat avec des marques ou des particuliers établis peut vous aider à puiser dans leur clientèle existante et à gagner en crédibilité. Recherchez des opportunités de promotion croisée, des campagnes de marketing conjointes ou des initiatives co-marquées pour atteindre de nouveaux publics plus efficacement.

Assister à des salons et événements

Les salons professionnels, les conférences de l'industrie et les événements locaux offrent de précieuses opportunités pour étendre votre portée sur le marché. Participez en tant qu'exposant ou sponsor pour présenter vos produits ou services à un public ciblé. Réseautez avec des clients potentiels, des professionnels de l'industrie et des partenaires commerciaux. Les salons et événements vous permettent d'établir des contacts en personne et de générer des prospects.

Localisez vos offres

Si vous vous développez sur de nouveaux marchés géographiques, envisagez de localiser vos offres pour répondre aux besoins et préférences spécifiques du marché cible. Adaptez vos produits, services, prix et supports marketing pour les aligner sur la culture locale et les demandes du marché. Cela démontre votre engagement à servir le nouveau marché et améliore l'engagement des clients.

Établir des alliances stratégiques et des canaux de distribution

Identifiez les alliances stratégiques, les partenariats ou les canaux de distribution qui peuvent vous aider à pénétrer efficacement de nouveaux marchés. Collaborez avec des distributeurs, des grossistes ou des détaillants déjà présents sur votre marché cible. Cela peut vous aider à tirer parti de leurs relations clients existantes, de leurs réseaux de distribution et de leur expertise du marché pour étendre votre portée.

Surveiller et analyser les résultats

Surveillez et analysez en permanence les résultats de vos efforts d'expansion du marché. Suivez les indicateurs de performance clés (KPI) tels que le trafic sur le site Web, les taux de conversion, les coûts d'acquisition de clients et la croissance des revenus. Évaluez l'efficacité des différents canaux et tactiques de marketing. Utilisez ces données pour affiner vos stratégies et optimiser vos efforts d'expansion du marché.

L'expansion de la portée du marché est une étape cruciale pour les petites entreprises en quête de croissance et d'augmentation de l'acquisition de clients. En menant des études de marché, en élaborant une stratégie d'expansion du marché, en adaptant les messages marketing, en utilisant le marketing numérique, en tirant parti des médias sociaux, en explorant des partenariats et des alliances, en assistant à des salons professionnels et à des événements, en localisant les offres, en établissant des alliances stratégiques et des canaux de distribution et en surveillant les résultats, les entreprises peuvent étendre efficacement leur portée sur le marché et exploiter de nouveaux segments de clientèle. L'expansion réussie de la portée du marché ouvre des opportunités d'augmentation des ventes, de reconnaissance de la marque et de croissance durable dans un paysage commercial concurrentiel.

Explorer de nouvelles opportunités de marché

L'exploration de nouvelles opportunités de marché est une étape vitale pour les petites entreprises qui cherchent à étendre leur portée et à exploiter des segments de clientèle inexploités. En identifiant et en pénétrant de nouveaux marchés, les entreprises peuvent diversifier leur clientèle, augmenter leurs sources de revenus et stimuler la croissance à long terme. Dans cette section, nous explorerons des stratégies pour explorer de nouvelles opportunités de marché et cibler efficacement les marchés émergents.

Mener des études de marché

Pour explorer de nouvelles opportunités de marché, commencez par mener une étude de marché approfondie. Identifiez les marchés émergents ou les segments de niche qui correspondent à vos produits ou services. Évaluez la taille du marché, le potentiel de croissance, la concurrence et les besoins des clients sur ces marchés. La collecte de données et d'informations vous aidera à prendre des décisions éclairées sur les nouveaux marchés à cibler.

Identifier les lacunes du marché et les besoins non satisfaits

Au cours de l'étude de marché, identifiez les lacunes ou les besoins non satisfaits au sein du marché cible. Recherchez les points faibles ou les zones où les clients sont mal desservis. Cette analyse vous aidera à positionner vos produits ou services comme des solutions à ces besoins non satisfaits. Comprendre les défis ou les exigences spécifiques du nouveau marché guidera le développement de vos produits, vos stratégies de marketing et votre différenciation.

Analyser le paysage concurrentiel

Évaluer le paysage concurrentiel au sein du nouveau marché. Identifiez les concurrents existants et comprenez leurs forces, leurs faiblesses et leur positionnement sur le marché. Cette analyse vous aidera à identifier les opportunités pour différencier vos offres et créer une proposition de valeur unique. Considérez ce qui distingue votre entreprise et comment vous pouvez tirer parti de ces différenciateurs pour obtenir un avantage concurrentiel.

Adaptez votre proposition de valeur

Pour explorer efficacement de nouvelles opportunités de marché, adaptez votre proposition de valeur pour qu'elle résonne avec le marché cible. Identifiez les avantages uniques et la valeur que vos produits ou services offrent aux clients sur le nouveau marché. Adaptez votre message pour répondre aux besoins spécifiques, aux préférences et aux nuances culturelles du public cible. Mettez en évidence la manière dont vos offres résolvent leurs problèmes ou offrent une valeur supérieure par rapport aux alternatives existantes.

Évaluer les barrières à l'entrée sur le marché

Comprendre les obstacles à l'entrée sur le marché associés au nouveau marché. Ces obstacles peuvent inclure des exigences légales et réglementaires, des différences culturelles, des barrières linguistiques, des problèmes de distribution ou la saturation du marché. Évaluez votre capacité à surmonter ces obstacles et à élaborer des stratégies pour atténuer les risques. Envisagez de vous associer à des entreprises locales, de faire appel à une expertise locale ou d'adapter vos opérations pour vous conformer aux réglementations spécifiques au marché.

Essais pilotes et validation du marché

Avant de vous engager pleinement sur un nouveau marché, envisagez de piloter vos produits ou services pour tester leur viabilité et leur acceptation. Effectuez des essais à petite échelle ou des lancements en douceur pour recueillir des commentaires et valider la demande du marché. Ajustez vos offres en fonction des commentaires des clients et itérez jusqu'à ce que vous obteniez une adéquation produit-marché. La validation du marché aide à minimiser les risques et garantit que votre entreprise est bien positionnée pour réussir sur le nouveau marché.

Construire des partenariats locaux

Forgez des partenariats avec des entreprises, des distributeurs ou des fournisseurs locaux pour faciliter l'entrée sur le marché et accélérer la croissance. Les partenaires locaux peuvent fournir des informations précieuses sur le marché, des réseaux de distribution, des relations clients établies et une expertise culturelle. Collaborer avec des partenaires locaux de confiance renforce votre crédibilité et accélère votre pénétration du marché.

Développer des stratégies de localisation

Pour pénétrer efficacement un nouveau marché, développez des stratégies de localisation adaptées au public cible. Cela implique d'adapter vos produits, services, supports marketing et communication pour les aligner sur la culture, la langue, les préférences et les réglementations locales. La localisation démontre votre engagement à servir le nouveau marché et améliore l'engagement et l'acceptation des clients.

Établir le budget et le calendrier d'entrée sur le marché

Élaborez un budget et un calendrier réalistes pour entrer sur le nouveau marché. Tenez compte des coûts associés aux études de marché, à l'adaptation des produits, aux campagnes de marketing, aux partenariats locaux et à la configuration de l'infrastructure. Fixez des objectifs et des jalons clairs pour suivre les progrès et évaluer le succès de votre stratégie d'entrée sur le marché.

Surveillez et adaptez en permanence

Une fois que vous entrez sur le nouveau marché, surveillez en permanence la dynamique du marché, les commentaires des clients et le paysage concurrentiel. Recueillez des données et analysez les indicateurs de performance clés (KPI) pour évaluer l'efficacité de vos stratégies et apporter les ajustements nécessaires. Soyez agile et adaptable pour répondre aux changements du marché et aux préférences des clients, en vous assurant que votre entreprise reste pertinente et compétitive.

Explorer de nouvelles opportunités de marché est une stratégie de croissance essentielle pour les petites entreprises. En menant des études de marché, en identifiant les lacunes du marché, en analysant le paysage concurrentiel, en adaptant les propositions de valeur, en évaluant les barrières à l'entrée, en menant des essais pilotes, en établissant des partenariats locaux, en élaborant des stratégies de localisation et en établissant des budgets et des délais réalistes, les entreprises peuvent explorer efficacement de nouveaux marchés et étendre leur clientèle. L'entrée réussie sur de nouveaux marchés ouvre des perspectives de croissance des revenus, de diversification des marchés et de durabilité à long terme dans un environnement commercial dynamique.

Former des partenariats stratégiques

La formation de partenariats stratégiques est une stratégie puissante pour les petites entreprises pour étendre leur portée sur le marché, accéder à de nouvelles ressources et stimuler la croissance. En collaborant avec d'autres entreprises ou organisations, les petites entreprises peuvent tirer parti de forces complémentaires, partager leur expertise et débloquer des opportunités mutuellement bénéfiques. Dans cette section, nous explorerons l'importance de former des partenariats stratégiques et des stratégies pour établir des collaborations fructueuses.

L'importance de former des partenariats stratégiques

La formation de partenariats stratégiques offre plusieurs avantages aux petites entreprises :

Accès à de nouveaux marchés et clients

Les partenariats stratégiques peuvent donner accès à de nouveaux marchés et segments de clientèle qui peuvent être difficiles à atteindre de manière indépendante. Le partenariat avec des entreprises qui ont une clientèle établie permet d'élargir la portée du marché et d'accélérer la croissance.

Ressources et expertises complémentaires

Les partenariats stratégiques permettent aux entreprises d'exploiter des ressources, une expertise et des capacités complémentaires. En combinant leurs forces, les entreprises peuvent surmonter les limites, améliorer leurs offres et fournir des solutions complètes aux clients.

Réduction des coûts et efficacité

La collaboration avec des partenaires stratégiques peut entraîner une réduction des coûts et une efficacité opérationnelle améliorée. Le partage des ressources, de l'infrastructure ou des canaux de distribution peut réduire les coûts et rationaliser les opérations. Cela permet aux entreprises de réaliser des économies d'échelle et d'optimiser l'allocation des ressources.

Innovation et développement de produits

Les partenariats stratégiques favorisent l'innovation en rassemblant différentes perspectives, idées et compétences. La collaboration avec des partenaires peut accélérer le développement de produits, stimuler les avancées technologiques et permettre la création de solutions innovantes qui répondent aux besoins changeants des clients.

Atténuation des risques

Les partenariats stratégiques peuvent aider à atténuer les risques associés à l'entrée sur le marché, à l'adoption de la technologie ou à l'allocation des ressources. En partageant les risques avec des partenaires, les entreprises peuvent surmonter les incertitudes, partager les coûts et relever collectivement les défis.

Stratégies pour former des partenariats stratégiques : définir les objectifs du partenariat

Définissez clairement les objectifs de votre partenariat et ce que vous espérez accomplir grâce à la collaboration. Identifiez les domaines dans lesquels votre entreprise peut bénéficier d'un partenariat, comme l'accès à de nouveaux marchés, l'amélioration des offres de produits ou le partage de ressources. Alignez vos objectifs avec ceux de partenaires potentiels pour assurer une relation mutuellement bénéfique.

Identifier les entreprises complémentaires

Recherchez des entreprises qui complètent vos offres, ciblent des segments de clientèle similaires ou possèdent une expertise dans des domaines où vous ne maîtrisez peut-être pas. Recherchez des partenaires dont les forces et les capacités correspondent à vos objectifs commerciaux et peuvent vous aider à atteindre vos objectifs stratégiques.

Évaluer les partenaires potentiels

Faire preuve de diligence raisonnable pour évaluer les partenaires potentiels. Évaluez leur réputation, leur stabilité financière, leur position sur le marché et leur compatibilité avec les valeurs et la culture de votre entreprise. Tenez compte de leurs antécédents de partenariats fructueux et de leur volonté de collaborer.

Établir des propositions de valeur claires

Articulez clairement la proposition de valeur du partenariat aux collaborateurs potentiels. Mettez en évidence les avantages, la valeur unique et les opportunités de croissance que le partenariat peut offrir. Montrez comment la collaboration peut offrir une situation gagnant-gagnant pour les deux parties et leurs clients.

Favoriser la communication ouverte et la confiance

Établissez une base de communication ouverte, de confiance et de respect mutuel avec vos partenaires stratégiques. Établissez des canaux de communication clairs, des réunions régulières et une collaboration continue pour favoriser une relation de travail solide. La transparence et une communication efficace sont essentielles au succès de tout partenariat.

Créer des avantages mutuels

Concevoir des accords de partenariat qui offrent des avantages mutuels à toutes les parties impliquées. Définissez clairement les rôles, les responsabilités et les attentes pour assurer une collaboration juste et équilibrée. Envisagez des modèles de partage des revenus, des initiatives de co-marketing ou des ressources partagées pour inciter les partenaires et aligner leurs intérêts sur les vôtres.

Développer une stratégie de marketing conjointe

Créer une stratégie de marketing conjointe pour promouvoir le partenariat et maximiser l'exposition au marché. Collaborez sur des campagnes de marketing, des initiatives co-marquées ou des événements conjoints qui mettent en valeur les forces et les offres combinées des deux entreprises. Tirez parti de la clientèle et des canaux de distribution de chacun pour atteindre efficacement de nouveaux publics.

Entretenir la relation

Investir en permanence dans l'entretien de la relation de partenariat. Évaluez régulièrement les progrès du partenariat, résolvez rapidement tout problème ou conflit et trouvez ensemble des opportunités de croissance et d'innovation. Célébrez les réussites et les jalons, et reconnaissez les contributions de vos partenaires.

Explorez la collaboration à long terme

Recherchez des opportunités de collaboration à long terme et explorez les possibilités au-delà d'un seul projet ou d'une seule initiative. Les partenariats à long terme permettent une intégration plus profonde, une croissance partagée et la capacité de s'adapter aux besoins changeants du marché.

Surveiller et évaluer

Surveiller en permanence les progrès du partenariat et évaluer son impact sur les objectifs commerciaux. Établissez des indicateurs de performance clés (KPI) pour mesurer le succès du partenariat et prendre des décisions basées sur les données pour les futurs efforts de collaboration.

La formation de partenariats stratégiques est une stratégie puissante pour les petites entreprises pour étendre leur portée sur le marché, accéder à de nouvelles ressources et stimuler la croissance. En définissant des objectifs de partenariat, en identifiant des entreprises complémentaires, en favorisant une communication ouverte, en créant des avantages mutuels et en entretenant la relation, les entreprises peuvent établir des collaborations fructueuses qui ouvrent de nouvelles opportunités et atteignent des objectifs communs. Les partenariats stratégiques offrent la possibilité d'améliorer la compétitivité, l'innovation et la croissance durable dans un environnement commercial dynamique.

Étendre la portée géographique

L'expansion de la portée géographique est un objectif clé pour de nombreuses petites entreprises qui cherchent à accroître leur clientèle et à accéder à de nouveaux marchés. En étendant leurs opérations au-delà de leur emplacement actuel, les entreprises peuvent accéder à de nouveaux clients, accroître l'exposition de la marque et stimuler la croissance des revenus. Dans cette section, nous explorerons des stratégies pour étendre la portée géographique et cibler efficacement les clients dans de nouveaux emplacements.

L'importance d'élargir la portée géographique

L'expansion de la portée géographique offre plusieurs avantages aux petites entreprises :

Accès à de nouveaux clients

L'expansion sur de nouveaux marchés géographiques permet d'accéder à une clientèle plus large. Il permet aux entreprises d'exploiter de nouveaux segments de clientèle et de nouvelles données démographiques, ce qui entraîne une augmentation des ventes et des opportunités de revenus.

Diversification des risques

L'expansion dans de nouveaux emplacements aide à diversifier les risques commerciaux. La dépendance à l'égard d'un marché ou d'un emplacement unique peut rendre les entreprises vulnérables aux ralentissements économiques, aux défis régionaux ou aux changements dans les préférences des clients. L'expansion géographique réduit la dépendance à l'égard d'un marché unique et répartit les risques sur plusieurs régions.

Exposition accrue de la marque

L'expansion dans de nouveaux emplacements augmente l'exposition et la notoriété de la marque. Il permet aux entreprises d'atteindre un public plus large et d'être reconnues sur différents marchés. Une exposition accrue de la marque peut renforcer la crédibilité et la réputation de l'entreprise, entraînant une croissance à long terme.

Avantage compétitif

L'expansion sur de nouveaux marchés géographiques peut fournir un avantage concurrentiel sur les concurrents locaux. Les entreprises proposant des produits, des services ou des propositions de valeur uniques peuvent trouver moins de concurrence ou une demande plus élevée dans de nouveaux emplacements, ce qui leur permet de conquérir des parts de marché et de s'établir en tant que leaders de l'industrie.

Économies d'échelle

L'expansion de la portée géographique permet aux entreprises de tirer parti des économies d'échelle. En atteignant plus de clients dans différents endroits, les entreprises peuvent augmenter les volumes de production, négocier de meilleurs contrats avec les fournisseurs et réaliser des économies de coûts qui n'étaient pas possibles sur un seul marché.

Stratégies pour étendre la portée géographique : étude et analyse de marché

Mener des études de marché et des analyses approfondies pour identifier de nouveaux emplacements potentiels pour l'expansion. Évaluez des facteurs tels que la taille du marché, le potentiel de croissance, le paysage concurrentiel, les considérations culturelles et les exigences réglementaires. Rassemblez des informations sur les préférences des clients, le comportement d'achat et les tendances du marché pour adapter vos stratégies en conséquence.

Élaborer une stratégie d'entrée sur le marché

Élaborez une stratégie d'entrée sur le marché complète qui décrit les objectifs, les emplacements cibles et les tactiques d'expansion. Tenez compte de facteurs tels que les barrières à l'entrée sur le marché, le coût d'acquisition de clients, les canaux de distribution et les exigences de localisation. Déterminez si vous souhaitez établir une présence physique, vous associer à des entreprises locales ou utiliser des plates-formes de commerce électronique pour pénétrer le nouveau marché.

S'adapter à la culture et aux préférences locales

Adaptez vos produits, services et stratégies marketing pour vous aligner sur la culture et les préférences locales. Menez des recherches spécifiques au marché pour comprendre les besoins des clients, les préférences linguistiques, les attentes en matière de prix et les considérations de marque. Les efforts de localisation démontrent un engagement envers le nouveau marché et augmentent les chances de succès.

Établir des partenariats locaux

Établissez des partenariats stratégiques avec des entreprises, des distributeurs ou des influenceurs locaux pour faciliter l'entrée sur le nouveau marché. Les partenaires locaux peuvent fournir des informations précieuses sur le marché, des réseaux établis et des relations avec les clients. La collaboration avec des partenaires locaux de confiance augmente la pénétration du marché et accélère la croissance dans le nouvel emplacement.

Développer des campagnes marketing sur mesure

Développez des campagnes de marketing ciblées qui résonnent avec le nouveau public géographique. Tenez compte des nuances culturelles, des préférences des médias locaux et des canaux de communication efficaces dans le lieu cible. Adaptez les messages, les visuels et les offres promotionnelles pour répondre aux besoins et aux aspirations spécifiques de la clientèle locale.

Optimiser la distribution et la chaîne d'approvisionnement

Assurer un réseau de distribution et de chaîne d'approvisionnement efficace pour livrer des produits ou des services au nouvel emplacement. Évaluez les options de logistique, de transport et d'entreposage pour répondre efficacement à la demande locale. Rechercher des partenariats avec des distributeurs locaux ou des prestataires logistiques pour rationaliser les opérations et réduire les délais de livraison.

Investir dans les talents locaux

Embauchez des talents locaux connaissant le nouveau marché et les nuances culturelles. Les employés locaux apportent des connaissances, des compétences linguistiques et une expertise du marché qui peuvent contribuer au succès de l'expansion. Ils peuvent aider à établir des relations solides avec les clients locaux et à relever tous les défis réglementaires ou opérationnels.

Tirez parti des plateformes en ligne

Utilisez les plateformes en ligne et les canaux de commerce électronique pour atteindre les clients dans le nouvel emplacement. Développer une présence en ligne localisée, y compris un site Web, des profils de médias sociaux et des capacités de commerce électronique. Mettez en œuvre des stratégies de marketing numérique ciblées, telles que l'optimisation des moteurs de recherche (SEO), la publicité au paiement par clic et les campagnes sur les réseaux sociaux, pour accroître la visibilité en ligne et attirer les clients locaux.

Fournir un excellent support client

Prioriser le support client et le service après-vente dans le nouvel emplacement. Investissez dans la formation et les ressources pour vous assurer que les clients du nouveau marché reçoivent une assistance et des solutions rapides à leurs questions ou problèmes. Des expériences client positives contribuent à la fidélisation de la clientèle, à un bouche-à-oreille positif et à une croissance durable sur le nouveau marché.

Surveiller et adapter

Surveiller et évaluer en permanence la performance des efforts d'expansion. Collectez des données, mesurez des indicateurs de performance clés (KPI) et recueillez les commentaires des clients pour évaluer l'efficacité des stratégies. Soyez prêt à vous adapter et à faire des ajustements en fonction de la dynamique du marché, des préférences des clients et de la concurrence dans le nouvel emplacement géographique.

CONCLUSION

L'extension de la portée géographique est une décision stratégique qui peut ouvrir de nouvelles opportunités de croissance pour les petites entreprises. En menant des études de marché, en développant une stratégie d'entrée sur le marché, en s'adaptant à la culture et aux préférences locales, en établissant des partenariats locaux, en adaptant les campagnes de marketing, en optimisant la distribution, en investissant dans les talents locaux, en tirant parti des plateformes en ligne, en fournissant un excellent support client et en surveillant les performances, les entreprises peuvent efficacement étendre leur portée géographique et conquérir de nouveaux marchés. Une expansion réussie dans de nouveaux emplacements permet aux entreprises d'accéder à de nouveaux clients, d'accroître l'exposition de la marque et d'atteindre une croissance durable dans un paysage commercial concurrentiel.

L'expansion de la portée du marché est un objectif essentiel pour les petites entreprises en quête de croissance et d'augmentation de l'acquisition de clients. En explorant de nouvelles opportunités de marché, en formant des partenariats stratégiques et en élargissant leur portée géographique, les entreprises peuvent exploiter des segments de clientèle inexploités, accéder à de nouvelles ressources et stimuler la croissance des revenus.

Lorsqu'il s'agit d'explorer de nouvelles opportunités de marché, il est essentiel de mener une étude de marché approfondie. En identifiant les marchés émergents, les lacunes du marché et les besoins non satisfaits, les entreprises peuvent se positionner comme des solutions aux problèmes des clients. Adapter les messages marketing et les propositions de valeur pour résonner avec le marché cible permet une communication et un engagement client efficaces. En évaluant les obstacles à l'entrée sur le marché et en effectuant des essais pilotes, les entreprises peuvent atténuer les risques et assurer une entrée réussie sur le marché.

La formation de partenariats stratégiques est une autre stratégie précieuse pour les petites entreprises. En identifiant des entreprises complémentaires, en favorisant une communication ouverte et en créant des avantages mutuels, les entreprises peuvent tirer parti des forces et des ressources de l'autre. Des partenariats stratégiques donnent accès à de nouveaux marchés, à une expertise partagée, à une réduction des coûts et à des opportunités d'innovation. En développant des stratégies de marketing conjointes et en entretenant la relation de partenariat, les entreprises peuvent maximiser leur exposition au marché et atteindre un succès à long terme.

L'expansion de la portée géographique est une étape importante pour les petites entreprises qui cherchent à exploiter de nouveaux marchés et de nouvelles clientèles. En menant des études de marché, en élaborant des stratégies d'entrée sur le marché, en s'adaptant à la culture locale et en établissant des partenariats locaux, les entreprises peuvent pénétrer efficacement de nouveaux emplacements géographiques. L'optimisation des chaînes de distribution et d'approvisionnement, l'exploitation des plateformes en ligne et la fourniture d'un excellent support client sont essentielles pour réussir sur de nouveaux marchés.

Dans l'ensemble, ces stratégies fonctionnent main dans la main pour aider les petites entreprises à atteindre leurs objectifs de croissance. En élargissant la portée du marché, les entreprises peuvent accéder à de nouveaux clients, accroître l'exposition de la marque et stimuler la croissance des revenus. En explorant de nouvelles opportunités de marché, en formant des partenariats stratégiques et en élargissant leur portée géographique, les petites entreprises peuvent diversifier leur clientèle, puiser dans de nouvelles ressources et s'établir en tant que leaders de l'industrie.

Il est important que les entreprises surveillent et évaluent en permanence leurs stratégies, recueillent les commentaires des clients et s'adaptent à l'évolution de la dynamique du marché. Cela permet une optimisation continue et garantit que les entreprises restent compétitives et pertinentes dans un paysage commercial en constante évolution.

En conclusion, en mettant efficacement en œuvre des stratégies pour explorer de nouvelles opportunités de marché, former des partenariats stratégiques et étendre leur portée géographique, les petites entreprises peuvent libérer un nouveau potentiel de croissance, renforcer leur présence sur le marché et réussir à long terme. Ces stratégies permettent aux entreprises d'atteindre de nouveaux clients, de capitaliser sur les tendances émergentes et de construire des bases solides pour une croissance durable. Grâce à une planification minutieuse, à l'adaptabilité et à une approche centrée sur le client, les petites entreprises peuvent prospérer sur un marché concurrentiel et saisir de nouvelles opportunités de réussite.